半日闲

山海经

张敏 注释
崔岩 讲解

岳麓書社·长沙

图书在版编目(CIP)数据

山海经/佚名著;张敏注.—长沙:岳麓书社,2020.4
ISBN 978-7-5538-1132-1

Ⅰ.①山… Ⅱ.①佚…②张… Ⅲ.①历史地理—中国—古代
②《山海经》—注释 Ⅳ.①K928.631

中国版本图书馆CIP数据核字(2019)第097034号

SHANHAI JING
山海经
作　　者:佚　名
注　　释:张　敏
责任编辑:周家琛
责任校对:舒　舍
封面设计:山和水工作室

岳麓书社出版发行
地址:湖南省长沙市爱民路47号
直销电话:0731-88804152　0731-88885616
邮编:410006

2020年4月第1版第1次印刷
开本:850mm×1168mm　1/32
印张:5.75
字数:129千字
ISBN 978-7-5538-1132-1
定价:25.00元

承印:长沙鸿发印务实业有限公司

如有印装质量问题,请与本社印务部联系
电话:0731-88884129

以下为本书讲解音频二维码，在正式阅读本书前，可扫描二维码获取讲解音频，以对全书内容有大致了解，使阅读过程更为顺畅。

1.《山海经》是一本什么书	2. 祖先的天下：真真假假之间	3. 山经：山川地理图
4. 海外经：奇国怪事	5. 海内经：四方渊源	6. 大荒经：帝系和神谱

前言

《山海经》是一部怎样的书？

未曾读过的人也能顾名思义，它自然是记载上古山川湖海的经典。用类似天真愉悦的心境和最原始的好奇心，去认识其中大小山川、珍禽异兽、名花异苗、神人鬼怪，是阅读《山海经》的第一步。可是读过的人，反而摸不着头脑了。因为此书丰富庞杂、难于全面掌握。想要从中获取固定的知识和理念，自然要费一番功夫。

和先秦时期遗留下来的诸多经典一样，《山海经》非出于一时一人之手，而是经历了最初的口耳相传，之后才逐渐成书的。在漫长的时期里，因这种不确定的传播方式，其内容发生了怎样的变化并不确知。就今日史书来看，《山海经》至汉代已备受重视。当时学者文士皆以知晓《山海经》内容为令人钦羡之事。传说汉武帝得奇鸟一只，甚爱，可惜生病了，不吃不喝，众人束手无策，东方朔上奏，说知道这是什么鸟，还知道它的生活习性，因为《山海经》里有记载，众人听闻，皆为惊叹，汉武帝亦因此鼓励群臣熟读《山海经》。（见《太平广记》）又有东汉大臣王景治理黄河水有大功，汉明帝赏赐给他的物品中，除去《禹贡图》，还有《山海经》一部。（见《后汉书·循吏列传》）在这个先秦文化得以被总结和发衍的朝代里，《山海经》也有了固定的名称，《山海经》之名最早见于《史记·大宛列传》。《山海经》从口耳相传到被以文字记录下来，最初是何人执笔并不可知，只能推测是多人逐渐积累而成。可以确知的是，西汉末年文献学家刘向、刘歆父子对尚未定型的《山海经》做了校勘整理，这一定本《山海经》是我们今天能看到的《山海经》源头。后来虽然版本众多，但以“山”“海”而分的格局总体未变。

《山海经》之“经”字，最初作“经过、经历”讲，书中用上古先民的视角，在其已知的天下概念里，历览华夏内外。此书总字数，据今可见者，三万一千有余，大体可分为《山经》和《海经》两部分。其中《山经》五卷，《海经》八卷，《大荒经》四卷，《海内经》一卷。全书记载山五千三百多处，水二百五十余条，动物一百二十余种，植物五十余种，神人鬼怪百余位。山依水傍，物产随之产生，神灵风俗自此滋生。《山海经》用最简单的逐条记录的方式，构建起了丰富而独特的经典体系。其中所涵盖的神话、历史、气象、动物、植物、矿藏、医药、宗教等内容，无疑是对所经行实际世界和内在世界的全面记述。

《山海经》的文字本身极为简单质朴。以山为例，《山经》的介绍方式是这样的，“某方之山曰某，临于某水，多某植物，某矿产。有某植物，其状如某，食之或佩之可为某疾。有兽焉，其状如某，其名曰某某，其性如何”，书中将天下之山以东南西北中方位分为五个大的部区，再分以各个山系，山系之下依方位关系介绍各山，山系之后皆有小结，交代祭祀山神之礼节。《海经》《大荒经》《海内经》也用相似的叙述方式。这样的叙述方式，正是口耳相传所留下的痕迹。在《山经》的末尾和《海内经》的某些篇章里，能看到不少风格完全不同的文字，这些则是后人删改、校订、整理、注释留下的痕迹。

《山海经》中记录的山水、动植物之名，在后来乃至今天的地理、历史、医学、动植物典籍中仍旧可以见到，以实际考证，都不失其准确性，是重要的研究早期中国的参考资料。此外仍有大量奇花异草、奇人怪兽，是凭今日之常识难以理解的，这也是其中最有价值的部分。《山海经》中记录的，很多是自然神，如日神、月神、星神、云神，四季之神、风雨雷火之神等，他们既有人的形象、人的部分性格，但更重要的却是拥有着非凡的神灵之力，高高在上掌管着天地自然的运行，背后这种对于更高世界的未知和敬畏，是绝大多数民族早期所遗留的精神法则。在自然神以外，也有不同于常人却"能力出众"从而具有"神性力量"的英雄们，如矢志不渝、执干戚而舞的刑天，如追逐太阳途中力竭化为邓林的夸父，如虽化而为鸟仍不忘填海的精卫等，这些传说具有鼓舞人心的永恒力量，也是后代文学的一种精神的源头和素材。此外，书中在描写一些既接近于今日日常却略显怪异的事物时，常带着流传之时的天真意味。如《海经》部分大量的"奇异国"，《山经》部分大量食之可治病乃至使人长生不死的仙葩神兽等，因其背后有对现实世界带着新奇感的接受，也有对生命本身更美好的想象寄托，放至任何时代，读来都令人耳目一新且为之动容。东晋陶渊明《读山海经》十三首，历代唱和不绝，唐代传奇、明清小说，在后来中国古代文学最富有想象力的地方，常有《山海经》的影子。

在经历了漫长的统合、淘汰和创造、阐发的阶段，《山海经》所承载的内涵也远远超过了最初的语言文字本身。因其丰富性，阅读和研究《山海经》都是一段特殊的历程。刘向、刘歆父子校订之后，又有晋代郭璞作注，为后世必读本。明代王崇庆，清代吴任臣、汪绂、毕沅、王念孙、郝懿行皆曾用力于此书，其中郝懿行《山海经笺疏》最富有通才卓识，是今人研读《山海经》的上佳参考。现当代学者，诸如袁珂先生，更为我们提供了典范读本。考察历来爱好者和研究者，偏好大体可分两途：一类欣喜于远古人身物事的记载，因其中丰富的想象力，带着人类早年清新而天真的寻索，容易使人神思玄览；一类好奇于这些奇事异物背后的秘密，即他们何以如此叙述，这样的叙述背后是怎样的文化世界。用当时人事、思想现象去解释原初的经典，质实的同时也有曲解的风险。但无论如何，对《山海经》特有世界的好奇心，又有什么可以阻挡呢？

出于好奇和敬慎之心，我们对《山海经》的注释，仍沿用了清代以来之常见十八卷本，全文录入，选择难读之字、难懂之句，稍加注释，意在帮助读者更为顺畅地阅读。晚近前贤高山在前，虽多有参考，但因学力不逮，仍难免错谬，敬请不吝指正。

目 录

卷一　南山经

《南山经》之首曰䧿山[1]。其首曰招摇之山，临于西海之上，多桂，多金玉[2]。有草焉，其状如韭而青华[3]，其名曰祝余，食之不饥。有木焉，其状如榖[4]而黑理，其华四照，其名曰迷榖，佩之不迷。有兽焉，其状如禺[5]而白耳，伏行人走，其名曰狌狌[6]，食之善走。丽麂之水[7]出焉，而西流注于海，其中多育沛[8]，佩之无瘕疾[9]。

又东三百里，曰堂庭之山，多棪木[10]，多白猿，多水玉[11]，多黄金。

注释：

1 䧿（què）山：䧿，即古“鹊”字，类书《太平御览》中直接作“鹊”，此处为山名。

2 金玉：此处指未经提炼磨制的天然金属矿物和玉石。以下皆同。

3 华：古同“花”，或有光华的意思。

4 榖（gǔ）：构树，落叶乔木，可做家具，皮可用来造桑皮纸。或作“谷（榖）”，下文“迷榖”作“迷谷（榖）”。

5 禺（yú）：传说中的一种怪兽，形状如猿，可能是一种猴。

6 狌狌（xīng）：即猩猩。

7 丽麂（jǐ）之水：麂，同“麂”，麂子，亚洲小型鹿的统称。此处为水名。

8 育沛（pèi）：水中生长的一种植物。

9 瘕（jiǎ）疾：古时指妇女肚子里结块的病，即现代人所说的蛊胀病。

10 棪（yǎn）木：柿科属，一说为苹果树。

11 水玉：水精，或为一种具有能量的物品。道教传说中的赤松子服用水玉以教神龙，能入火自烧。

又东三百八十里，曰猨翼之山，其中多怪兽，水多怪鱼，多白玉，多蝮虫[1]，多怪蛇，多怪木，不可以上。

又东三百七十里，曰杻[2]阳之山，其阳多赤金，其阴多白金。有兽焉，其状如马而白首，其文[3]如虎而赤尾，其音如谣[4]，其名曰鹿蜀[5]，佩之宜子孙。怪水出焉，而东流注于宪翼之水。其中多玄龟，其状如龟而鸟首虺[6]尾，其名曰旋龟，其音如判木[7]，佩之不聋，可以为底[8]。

又东三百里，曰柢[9]山，多水，无草木。有鱼焉，其状如牛，陵居，蛇尾有翼，其羽在魼[10]下，其音如留牛[11]，其名曰鯥[12]，冬死而夏生，食之无肿疾。

注释：

1 蝮虫（huǐ）：郭璞认为是一种颜色像绶带的花纹、鼻子上有针、大的有百余斤、别名反鼻虫的生物。这里的虫是“虺”的本字，不是昆虫之虫。

2 杻（niǔ）：一种树木。

3 文：花纹，纹理。

4 谣：古代不用乐器伴奏的清唱。

5 鹿蜀：古时一种怪兽。

6 虺（huǐ）：毒蛇。

7 判木：即砍木头。判，分开、剖开。

8 可以为底：指可以防治手足结茧。为，治疗。底，通“胝（zhī）”，老茧。

9 柢（dǐ）：树名。

10 鲑：同“胠（qū）”，也作“胁”，腋下胁上的部位。

11 留牛：动物名，具体未详，前人注以为即犁牛。

12 鯥（lù）：鱼名，和今天所说的鯥鱼不同。

又东四百里，曰亶爰之山。多水，无草木，不可以上。有兽焉，其状如狸而有髦，其名曰类，自为牝牡，食者不妒。

又东三百里，曰基山，其阳多玉，其阴多怪木，有兽焉，其状如羊，九尾四耳，其目在背，其名曰猼訑[1]，佩之不畏[2]。有鸟焉，其状如鸡而三首、六目、六足、三翼[3]，其名曰鹇鸺[4]，食之无卧。

又东三百里，曰青丘之山，其阳多玉，其阴多青雘[5]。有兽焉，其状如狐而九尾，其音如婴儿，能食人，食者不蛊[6]。有鸟焉，其状如鸠，其音若呵[7]，名曰灌灌[8]，佩之不惑[9]。英水出焉，南流注于即翼之泽[10]。其中多赤鱬[11]，其状如鱼而人面，其音如鸳鸯，食之不疥。[12]

注释：

1 猼訑（bó shī）：一种怪兽名。訑，一作陁。

2 佩之不畏：为穿上这种兽的皮毛，人的心中就无所畏惧。畏，害怕、胆怯。

3 翼：翅膀。

4 鹇鸺（biē fū）：鸟名，未见于记载。鹇，一作鷩，鷩为一种锦鸡。此句意为有种三头、六眼、六足三对翅膀的鸟，食其肉使人不瞌睡。

5 青雘（huò）：亦作丹雘，一种颜色很好的天然涂料。雘，《说文解字》云：“雘，善丹也。”

6 蛊（gǔ）：原意指人工培养的一种毒虫，此处泛指受到妖邪的毒害。

7 呵：大声呵斥，一作大声笑，郭璞注云："如人相呵呼声。"

8 灌灌：郭璞注"或作濩濩（huò）"，高诱注云"獾獾（huān），鸟名，形则未闻。獾，一作獲"，或即此鸟。

9 佩之不惑：佩戴这种名叫灌灌的鸟的羽毛，就不会感到疑惑。惑，迷惑、糊涂。

10 即翼之泽：即翼的河流。前文有"猨翼之山"，据《一切经音义》引为"即翼之山"，可知猨翼、即翼所指为同一个地方。

11 赤鱬（rú）：也叫鲵鱼，袁柯先生注"人鱼之类"，即今娃娃鱼，有四只脚，长尾巴，能上树，属两栖类动物。

12 此句意为山间河流中有很多赤鱬，形状像普通的鱼却有一副人的面孔，发出的声音如同鸳鸯鸟在叫，吃了它的肉就能使人不生疥疮。

又东三百五十里，曰箕尾之山[1]，其尾踆[2]于东海，多沙石。汸水[3]出焉，而南流注于淯[4]，其中多白玉。

凡鹊山之首，自招摇之山，以至箕尾之山，凡十山，二千九百五十里。其神状皆鸟身[5]而龙首。其祠[6]之礼：毛[7]用一璋[8]玉瘗[9]，糈[10]用稌米[11]，一壁，稻米白菅[12]为席[13]。

注释：

1 箕（jī）尾之山：即箕山，清代人郝懿行引用《玉篇》中提到此山。

2 踆：通"蹲"，屈两膝如坐，臀部不着地。此处是坐的意思。

3 汸（fāng）水：古河名，据下文南流注入淯河，可推测或为古黄河某支流。后引申为水源源盛大的样子。

4 淯（yù）：今河南省白河的古称。

5 鸟身：唐人类书《北堂书钞》中引用为“人身”。

6 祠：祭祀，上古时期就有祭祀天地自然的行为。

7 毛：祭祀天地自然神所用的动物皮毛之类。

8 璋：古玉器名，常与圭并称，为半个圭的形状，用在祭祀中作为印证祥瑞的信物。

9 瘗（yì）：埋葬，此处指上古之时祭祀典礼中特有的埋玉于地的仪式。此句意为在祭祀中将动物皮毛和璋一起埋葬。

10 糈（xǔ）：精米，为祭祀神灵专用的米。《楚辞·离骚》有句云：“巫咸将夕降兮，怀椒糈而要之。”

11 稌（tú）米：一种稻米，据字形或指剩下的稻米，也专指糯米。此句意为祭祀所用米为糯米。

12 白菅（jiān）：坚韧的茅草类植物，生于山间，可用来做席。

13 席：古人坐卧用具，多用草类编织而成。

《南次二经》之首曰柜山[1]，西临流黄[2]，北望诸毗[3]，东望长右。英水出焉，西南流注于赤水，其中多白玉，多丹粟[4]。有兽焉，其状如豚[5]，有距[6]，其音如狗吠，其名曰狸力[7]，见[8]则其县[9]多土功[10]。有鸟焉，其状如鸱[11]而人手[12]，其音如痺[13]，其名曰鴸[14]，其名自号[15]也，见则其县多放士。[16]

注释：

1 柜（jǔ）山：山名。

2 流黄：国名，见下文《海内西经》及《海内经》。

3 诸毗（pí）：水域名，下“长右”同。

4 丹粟：像粟米一样大小的丹砂。

5 豚（tún）：小猪，后亦泛指猪。

6 距：雄鸡、野鸡等动物脚后面突出像脚趾的部分。这里指鸡的足爪。

7 狸力：疑为“狸刀”，不知具体是什么动物。

8 见（xiàn）：同“现”，出现。

9 县：此处泛指有人聚居的地方，因为上古时期人口少，且没有今天作为县城理解的行政区划建制。

10 土功：治理水土的工程之类。

11 鸱（chī）：即鹞鹰，一种凶猛的飞禽，常捕食其他小型鸟禽。

12 人手：（爪子）像人手一样。

13 痺（bēi）：不知道具体是什么鸟。

14 鴸（zhū）：传说一种不祥的鸟。

15 其名自号：即自呼其名，发出的声音就是它的名字。

16 整句意为这种叫鴸的鸟是根据它的声音得名的，它出现的地方就会有很多的人被流放。

东南四百五十里，曰长右之山，无草木，多水。有兽焉，其状如禺而四耳，其名长右，其音如吟[1]，见则郡县大水。[2]

又东三百四十里，曰尧光之山，其阳多玉，其阴多金[3]。有兽焉，其状如人而彘鬣[4]，穴居而冬蛰[5]，其名曰猾褢[6]，其音如斫[7]木，见则县有大繇。[8]

注释：

1 吟：人的呻吟声。

2 整句意为这种像禺却长着四耳的动物，叫声就像人在呻吟，凡它出现的地方，就会发大水。

3 金：这里泛指金属矿物质，以下同。

4 彘鬣（zhì liè）：彘，猪。鬣，鬃毛，尤专指猪的鬃毛。本句意为整体像人，却长着像猪一样的鬣毛。

5 蛰：蛰伏，潜藏起来，不动不食。

6 猾褢（huá huái）：传说中的兽名。

7 斫（zhuó）：砍伐。

8 本句意为此地有种像人却长着类似猪鬣的动物，住在洞穴，每到冬天就会蛰伏，它的名字叫作猾褢，发出的声音像在伐木，有它出现的地方就有繁重的徭役。繇（yáo），通“徭”，即徭役，中国古代政府规定的平民必须从事的无偿劳动。

又东三百五十里，曰羽山[1]，其下多水，其上多雨，无草木，多蝮虫。

又东三百七十里，曰瞿父之山[2]，无草木，多金玉。

又东四百里，曰句余之山[3]，无草木，多金玉。

又东五百里，曰浮玉之山，北望具区[4]，东望诸毗。有兽焉，其状如虎而牛尾，其音如吠犬，其名曰彘，是食人。苕水[5]出于其阴，北流注于具区。其中多鮆鱼[6]。

又东五百里，曰成山，四方而三坛[7]，其上多金玉，其下多青雘。閟水[8]出焉，而南流注于虖勺[9]，其中多黄金。

注释：

1 羽山：传说中上古帝王祝融曾奉黄帝之命，将大禹的父亲鲧杀死在羽山，一说鲧是被帝舜杀死在羽山的，羽山因此而有名。

2 瞿父之山：古山名，不知今天具体何处。

3 句（gōu）余之山：据前人注，在会稽余姚县南，句章县北，这两个县的命名与山名相关。

4 具区：据前人注，即吴县西南太湖，今江苏境内。

5 苕（tiáo）水：水名，在古乌程（属今浙江湖州）境内。

6鮆（jì）鱼：即刀鱼，太湖流域多产这种鱼。头生长得很长而狭薄，故称刀鱼，味道鲜美。

7四方而三坛：呈现四方形而像三层土坛。

8閟（shǐ）水：即涿水，河流名称。

9虖（hū）勺：即下文的“虖勺之山”，应在今浙江慈溪境内，可能指东明山或四明山。一说是指河流名。

又东五百里，曰会稽[1]之山，四方，其上多金玉，其下多砆石[2]。勺水出焉，而南流注于湨[3]。

又东五百里，曰夷山，无草木，多沙石。湨水出焉[4]，而南流注于列涂[5]。

又东五百里，曰仆勾[6]之山，其上多金玉，其下多草木，无鸟兽，无水。

又东五百里，曰咸阴之山，无草木，无水。

又东四百里，曰洵山[7]，其阳[8]多金，其阴[9]多玉。有兽焉，其状如羊而无口，不可杀[10]也，其名曰䍺[11]。洵水[12]出焉，而南流注于阏[13]之泽，其中多茈蠃[14]。

注释：

1会稽（kuài jī）：在今浙江绍兴境内。

2砆（fū）石：武夫石，一种像玉但质地略次的石头，传说产于湖南长沙地区，质地红色，有白色花纹，颜色茏葱不分明。

3湨（jú）：河流名。

4焉：于此，古文中常见的句末语助词。

5列涂：水名。

6仆勾：山名，也有作“仆夕”的。

7洵（xún）山：洵，也有写作“旬”的，或在今陕西汉中旬阳县附近。

8 阳：此处指山的南面，古时以山的南面、水的北面为阳。

9 阴：与上一条注释相反，山的北面、水的南面为阴。

10 不可杀：此处杀为死的意思。即不可死，死不了。这里是说这种动物长得像羊，没有口，不能吃东西，却死不了。

11 䍺（huàn）：一种山羊，黑色，角细长。《山海经》中对动植物的描写多突出其主要特色，而稍有夸张，正显示出当时人对自然的好奇心和想象力。

12 洵水：河流名称，与上文“洵山”成对出现，是古代史地学常用的命名方法。

13 阏（è）：有壅塞不通之意。

14 茈蠃（zǐ luó）：茈同“紫”，蠃通“螺”，即紫色的螺。从本句来看，洵水注入阏地之后，地势低下，沼泽之处多泥涂，因此多产紫色螺类。

又东四百里，曰虖勺之山，其上多梓楠[1]，其下多荆杞[2]。滂[3]水出焉，而东流注于海。

又东五百里，曰区吴[4]之山，无草木，多沙石。鹿水[5]出焉，而南流注于滂水。

又东五百里，曰鹿吴[6]之山，上无草木，多金石。泽更[7]之水出焉，而南流注于滂水。水有兽焉，名曰蛊雕[8]，其状如雕而有角，其音如婴儿之音，是食人。

东五百里，曰漆吴[9]之山，无草木，多博石[10]，无玉。处于东海[11]，望丘山，其光载出载入[12]，是惟日次[13]。

凡《南次二经》之首，自柜山至于漆吴之山，凡十七山，七千二百里。[14]其神状皆龙身而鸟首。其祠：毛用一璧瘗，糈用稌。[15]

注释：

1 梓楠：梓，梓树，一种落叶乔木，叶子卵形，开淡黄色花。楠，楠树。常绿乔木，叶质厚，花小，核果小球形，木材富有香气。这两种树皆是建筑和制造器具的上等材料。

2 荆杞（qǐ）：荆，牡荆，俗名荆条，落叶灌木，小枝方形，叶对生，掌状复叶，其枝可以用来编织篮筐等生活用具。果实称为黄荆子，可供药用。杞，落叶小灌木，夏季开淡紫色花，果实是红色的，可入药。

3 滂（pāng）：水名，即瓯（ōu）江，是今浙江的第二大河。滂本意有水流量大、涌出作声的意思。

4 区吴（ōu wú）：即区吴山，在今浙江境内，具体所指待考。

5 鹿水：水名，一说应作“丽水”，丽水是瓯江的支流，结合上文推知很可能就是指丽水。

6 鹿吴：此山当以鹿水和区吴山而得名。

7 泽更：水名，具体所指不知。

8 蛊（gǔ）雕：兽名，一说指貂熊，大小似狗獾，善奔跑，能游泳。又称纂雕，是一种似鸟非鸟的食人怪兽，样子像雕，头上长角，叫声像婴儿的啼哭声。

9 漆吴：山名，同以上“鹿吴”，也是因区吴山而得名，当为同一个或临近山系，《山海经》中山川名称常以这样的形式一系列出现。

10 博石：用于博戏作为棋子的石头。博作为博戏意后来演化出汉字“簙”。

11 东海：依照句意，或当作“海东”，即海的东面。

12 载出载入：时出时入，光时有时无即忽明忽暗。“载……载……”连用，古文中常见成语，有“又……且……”的意思，如

"载欣载奔"。

13 日次：太阳停歇的地方。次，停歇、暂住。此句意为漆吴山位于东海之滨（或海之东滨），在山上远望是片丘陵，有光影忽明忽暗，是太阳停歇之处。

14 总计南方第二列山系首尾，从柜山起到漆吴山止，一共十七座山，途经七千二百里。《山海经·山经》以山系逐次介绍各山，最初经口头转述，在这里体现出其格式和后人编修的痕迹。

15《南次二经》所介绍诸山山神的形状都是龙身鸟头。祭祀山神的仪式要把畜禽和玉璧一起埋入地下，祀神的米用稻米。祠，祭祀。毛，动物皮毛，指代动物本身，古文中以部分代整体的一种指代方法。璧，玉的一种，平圆形，中间有空，玉为祥瑞之物，在祭祀中常作为礼器，后引申为比喻美好人格和容颜。

《南次三经》之首，曰天虞之山，其下多水，不可以上。[1]

东五百里，曰祷过之山，其上多金玉，其下多犀、兕[2]，多象。有鸟焉，其状如䴔[3]而白首，三足，人面，其名曰瞿如，其鸣自号也。[4]泿水[5]出焉，而南流注于海。其中有虎蛟[6]，其状鱼身而蛇尾，其音如鸳鸯，食者不肿[7]，可以已痔[8]。

又东五百里，曰丹穴之山，其上多金玉。丹水出焉，而南流注于渤海。有鸟焉，其状如鸡，五采而文[9]，名曰凤皇[10]，首文曰德，翼[11]文曰义，背文曰礼，膺[12]文曰仁，腹文曰信。[13]是鸟也，饮食自然，自歌自舞，见则天下安宁。[14]

注释：

1 南方第三列山系的头一座山，是座天虞山，山下到处是水，人不能上去。

2 犀（xī）、兕（sì）：犀即犀牛，身子像牛，头像猪，皮黑色而粗糙厚硬，喜欢吃荆棘。兕，形状如水牛，色青黑，有一角，有说是古时的雌犀牛。这两种动物同时出现，指雄雌犀牛。此句意为从天虞山往东五百里，是座祷过山，山上盛产金属矿物和玉石，山下很多犀、兕，还有大象。

3 鵁（jiāo）：一种水鸟，即“赤头鹭”。

4 此句意为山中有一种鸟，形状像鵁却有白色的头，三只脚，人一样的脸，名称是瞿如，它的名称就是模仿其叫声而来。很多动物尤其是鸟类的命名，与其身体的某个特征相关，比如颜色或者叫声。

5 泿（yín）水：这条河流在今广西一带。

6 虎蛟：蛟与龙相似，传说能发洪水。虎蛟为龙的一种。

7 肿：痈肿疾病。

8 已痔：已，止住、治愈。痔，痔疮。此句意为泿水从这座山发源，然后向南流入大海。水中有一种虎蛟，有着鱼的身子和蛇的尾巴，它的叫声像鸳鸯，吃了它的肉就能使人不生痈肿疾病，还可以治愈痔疮。

9 五采而文：有五种颜色和花纹。采，即“彩”，颜色。文即纹，图案、花纹。

10 凤皇：即凤凰，传说中的祥瑞之鸟、百鸟之王。雄的叫“凤”，雌的叫“凰”。形状上，有着鸡的头，蛇的脖颈，燕子的下颌，乌龟的背，鱼的尾巴，五彩颜色，高六尺左右。

11 翼：翅膀。

12 膺（yīng）：胸。

13 此句意为这种鸟身上有五彩图案，头上的花纹是“德”字形状，翅膀上的花纹是“义”字的形状，背部的花纹是“礼”字的形状，胸部的花纹是“仁”字的形状，腹部的花纹是“信”字的形状。凤凰的形状与中华文化中美好的德行相联系，《山海经》中常用这样的祥瑞之物来代表好的现状，而用一些有害的、令人恐惧的来预示人祸。

14 此句意为这种鸟吃喝起来自然从容，常常一边唱歌一边起舞，它出现的时候天下太平。

又东五百里，曰发爽之山，无草木，多水，多白猿。汎[1]水出焉而南流注于渤海。[2]

又东四百里，至于旄山之尾[3]。其南有谷，曰育遗[4]，多怪鸟，凯风[5]自是出。

又东四百里，至于非山之首[6]。其上多金玉，无水，其下多蝮虫。

又东五百里，曰阳夹之山，无草木，多水。

又东五百里，曰灌湘之山，上多木，无草；多怪鸟，无兽。

又东五百里，曰鸡山，其上多金，其下多丹雘。黑水出焉，而南流注于海。其中有鱄鱼[7]，其状如鲋[8]而彘尾，其音如豚，见则天下大旱。[9]

注释：

1 汎（fàn）：即泛，水多而滥的样子，此处为河流名。

2 此句意为再往东五百里，是座发爽山，没有花草树木，到处有流水，有很多白色的猿猴。汎水从这座山发源，然后向南流入渤海。焉，于此。

3 旄（máo）山之尾：旄山的脚下。旄，古时用牦牛尾装饰的旗子。

4 育遗：山谷名，前人注有作“育隧”的，即叫作育的深谷。

5 凯风：南风，柔软的风。《诗经》有“凯风自南”句。

6 非山之首：非山的顶端。

7 鱄（tuán）鱼：产于洞庭湖一带的一种鱼。

8 鲋（fù）：即鲫鱼。体侧扁，稍高，背面青褐色，腹面银灰色。

9 本句意为再往东五百里，是座鸡山，山上有丰富的金属矿物，山下盛产丹雘。黑水从这座山发源，然后向南流入大海。水中有一种鱄鱼，形状像鲫鱼却长着猪尾，发出声音如同小猪叫，它一出现就会天下大旱。

又东四百里，曰令丘之山，无草木，多火。其南有谷焉，曰中谷，条风[1]自是出。有鸟焉，其状如枭[2]，人面四目而有耳，其名曰颙，其鸣自号也，见则天下大旱。[3]

又东三百七十里，曰仑者之山，其上多金玉，其下多青雘。有木焉，其状如穀而赤理[4]，其汁[5]如漆，其味如饴[6]，食者不饥，可以释劳[7]，其名曰白蓉[8]，可以血玉[9]。

又东五百八十里，曰禺稿之山，多怪兽，多大蛇。

又东五百八十里，曰南禺之山，其上多金玉，其下多水。有穴焉，水春[10]辄[11]入，夏乃出，冬则闭。佐水出焉，而东南流注于海，有凤皇、鹓雏[12]。

凡《南次三经》之首，自天虞之山以至南禺之山，凡一十四山，六千五百三十里。其神皆龙身而人面。其祠皆一白狗祈[13]，糈用稌。[14]

右《南经》之山志，大小凡四十山，万六千三百八十里。[15]

注释：

1 条风：也叫调风、融风，即春天的东北风，春分前后四十五天左右吹。

2 枭（xiāo）：通“鸮”，像猫头鹰的鸟，喜欢夜间活动。

3 本句意为山中有一种禽鸟，形状像猫头鹰，却长着一副人脸和四只眼睛，而且有耳朵，名字叫颙（yú），以其叫声而得名，它一出现而天下就会大旱。

4 赤理：红色的纹理。

5 汁：原作“汗”，前人据上下文推测当为“汁”之误。

6 饴（yí）：用麦芽制成的糖浆，这里指甜味。

7 释劳：缓解疲劳。

8 白𦯢（gāo）：前人注有作“皋苏”的。

9 血玉：可以用来将玉染得鲜红。血，使之具有血色。

10 春：原作“出”，前人根据上下文推测当为“春”之误。

11 辄：就。

12 鹓雏（yuān chú）：凤凰一类的祥瑞之鸟，后来多比喻有才德的人。

13 祈：祭祀中的祈祷仪式。

14 本句意为总计南方第三列山系之首尾，从天虞山起到南禺山止，一共十四座山，途经六千五百三十里。诸山山神都是龙身人面。祭祀山神全是用一条白色的狗作供品祈祷，祀神的米用稻米。

15 以上是南方经历之山的记录，大大小小总共四十座，一万六千三百八十里。以下各卷格式与此相仿。

卷二　西山经

《西山经》华山之首，曰钱来之山，其上多松，其下多洗石[1]。有兽焉，其状如羊而马尾，名曰羬羊[2]，其脂可以已腊[3]。

西四十五里，曰松果之山。濩水[4]出焉，北流注于渭，其中多铜。有鸟焉[5]，其名曰螐渠，其状如山鸡，黑身赤足，可以已曝。[6]

又西六十里，曰太华之山[7]，削成而四方，其高五千仞[8]，其广十里，鸟兽莫居。[9]有蛇焉，名曰肥𧔥[10]，六足四翼，见则天下大旱。

又西八十里，曰小华之山，其木多荆杞，其兽多㸲牛，其阴多磬石[11]，其阳多㻬琈[12]之玉。鸟多赤鷩[13]，可以御火[14]。其草有萆荔[15]，状如乌韭，而生于石上，亦缘木而生，食之已心痛。[16]

注释：

1 洗石：一种用来洗澡可以去污垢、爽体的瓦石。

2 羬（qián）羊：这种动物总体像羊却长着马的尾巴。

3 腊（xī）：皮肤皴皱。羬羊的油脂可以治疗皮肤干裂。

4 濩（huò）水：河流名。从钱来山往西四十五里，是座松果山。濩水从这座山发源，向北流入渭水，其中多产铜。

5 焉：于此。

6 此句意为山中有一种叫螐（tóng）渠的鸟，长得像山鸡，黑身红脚，可以用来治疗皮肤干裂。曝（báo），皮肤皱起。

7 太华之山：在今陕西境内的西岳华山。

8 仞（rèn）：古时计量单位，八尺或七尺为一仞。

9 此句意为再往西六十里，是座太华山，山崖陡峭像刀削而呈四方形，高五千仞，宽十里，鸟兽无法栖身。

10 肥𧔥（wèi）：传说中像蛇的动物。

11 磬石：可以作为乐器的石头。

12 㻬琈（tū fú）：玉石名，《山经》中常出现此石头，形状未知。

13 赤鷩（bì）：山鸡之类的鸟。

14 御火：抵御、防止火灾发生。此句意为这种鸟的皮毛可以用来辟火。

15 萆荔（bì lì）：即薜荔。香草，可作药用。

16 此句意为山中还有一种叫薜荔的草，形状像乌韭，长在石头上，或附着在树上，食用它可以治疗心痛病。

又西八十里，曰符禺之山，其阳多铜，其阴多铁[1]。其上有木焉，名曰文茎，其实如枣，可以已聋[2]。其草多条，其状如葵[3]，而赤华黄实[4]，如婴儿舌，食之使人不惑。[5]符禺之水出焉，而北流注于渭。其兽多葱聋，其状如羊而赤鬣[6]。其鸟多䳋[7]，其状如翠[8]而赤喙[9]，可以御火。

又西六十里，曰石脆之山，其木多棕楠，其草多条，其状如韭，而白华黑实，食之已疥[10]。其阳多㻬琈之玉，其阴多铜，灌水出焉，而北流注于禺水。其中有流、赭[11]，以涂牛马无病。

又西七十里，曰英山，其上多杻橿[12]，其阴多铁，其阳多赤金。禺水出焉，北流注于招水，其中多鲜[13]鱼，其状如鳖[14]，其音如羊。其阳多箭䉋[15]，其兽多㸲牛、羬羊。有鸟焉，其状如鹑[16]，黄身而赤喙，其名曰肥遗，食之已疠[17]，可以杀虫。

注释：

1 铁：含铁成分较高的天然铁矿石。

2 已聋：治疗失去听力的疾病。已，止住、治愈。

3 葵：也叫冬葵，古代一种常见蔬菜。

4 赤华黄实：开红色的花，结黄色的果实。华，同“花”。

5 此句意为山上有一种树木，名称是文茎，结的果实像枣子，可以用来治疗耳聋。山中生长的草大多是条草，形状与葵菜相似，但开的是红色花朵而结的是黄色果实，果实的样子像婴儿的舌头，吃了它就可使人不迷惑。

6 赤鬣（liè）：红色的鬃毛。鬣，动物脖颈上长而硬的毛。

7 䳘（mín）：传说中的红嘴鸟。

8 翠：翠鸟。

9 喙（huì）：特指鸟兽的嘴。

10 已疥（jiè）：治愈疥疮。疥，一种皮肤病。

11 流、赭（zhě）：流，硫黄，是一种天然的矿物质，中医入药，有杀虫作用；赭，赭黄，是一种天然生成的褐铁矿，可做黄色颜料。这两种矿物质涂在牛马身上，可以防止其生病。

12 杻橿（niǔ jiāng）：杻，杻树，长得近似于棣树，叶子细长，可以用来喂牛，木材能造车辋。橿，橿树，木质坚硬，古人常用来制作车子。

13 鲜（bàng）：一种鱼。

14 鳖（biē）：即甲鱼、乌龟。

15 箭䈼（mèi）：一种竹子，据前人记载，古时生长在汉中郡一带，竹管厚、节长、根深，冬季生笋。

16 鹑（chún）：即鹌鹑，一种鸟。体形像小鸡，头小尾短，羽毛赤褐色，有黄白色条纹。雄性的鹌鹑好斗。

17 疠（lì）：瘟疫，传染性疾病，也作恶疮。

又西五十二里，曰竹山，其上多乔木，其阴多铁。有草焉，其名曰黄雚[1]，其状如樗[2]，其叶如麻，白华而赤实，其状如赭[3]，浴之已疥，又可以已胕。[4]竹水出焉，北流注于渭，其阳多竹箭[5]，多苍玉。丹水出焉，东南流注于洛水，其中多水玉，多人鱼[6]。有兽焉，其状如豚而白毛，毛大如笄而黑端[7]，名曰豪彘[8]。

又西百二十里，曰浮山，多盼木，枳叶而无伤[9]，木虫居之。有草焉，名曰薰草，麻叶而方茎，赤华而黑实，臭[10]如蘼芜[11]，佩之可以已疠。

又西七十里，曰羭次[12]之山，漆水出焉，北流注于渭。其上多棫橿[13]，其下多竹箭，其阴多赤铜，其阳多婴垣[14]之玉。有兽焉，其状如禺而长臂，善投[15]，其名曰嚣[16]。有鸟焉，其状如枭，人面而一足，曰橐𩇯[17]，冬见夏蛰[18]，服之不畏雷[19]。

注释：

1 黄雚（huán）：草名。

2 樗（chū）：臭椿树，散发一种奇怪的味道。古诗文中常用来比喻无用之才。

3 赭（zhě）：红褐色。

4 此句意为山中有一种草，名称是黄雚，形状像樗树，但叶子像麻叶，开白色的花朵而结红色的果实，果实外表的颜色像赭色，用它洗浴就可治愈疥疮，又可以治疗浮肿病。胕（fú），浮肿。

5 竹箭：合指竹子。箭，小竹子。

6 人鱼：前人注称有着像人的头和脸、长着四只脚的鱼，当指大鲵（ní），即娃娃鱼。

7 毛大如笄（jī）而黑端：毛粗大得像笄，顶端是黑色的。笄，插头发用的簪子。古时女子十五岁可盘发插笄。

8 豪彘：即豪猪。

9 枳叶而无伤：叶子像枳树叶却没有刺。枳（zhǐ），枳树，像橘树而结的果太酸，叶子上有粗刺。无伤，指没有能伤人的尖刺。

10 臭（xiù）：气味的总称。

11 蘼芜（mí wú）：即中草药芎䓖（xiōng qióng），是古诗文中常见的植物。

12 羭（yú）次：一种山羊。羭次为山名，据名字推测可能是古时因有这种山羊生长而得名。

13 棫橿（yù jiāng）：棫，指白桵（ruí），一种小树，丛生，茎上有刺，果实紫红色、可吃。橿，一种古老的树，木材坚韧可做车轮。

14 婴垣：一种玉名，前人注有称垣作“短”的，都是“脰（dòu）”字的讹误。婴，缠绕。脰，脖颈。婴脰，即缠绕在脖子上的装饰。

15 善投：擅长投掷。善，擅长。投，投掷。

16 嚻（áo）：一种像猴子一样的动物。

17 橐䨦（tuó féi）：鸟名。橐字本意为口袋，与“驼”并称即指骆驼。

18 冬见夏蛰：冬天出来，夏天蛰伏。蛰，藏起来不动。

19 服之不畏雷：插上这种鸟的羽毛，就不怕打雷。服，装饰、穿戴。

又西百五十里，曰时山，无草木。逐水出焉，北流注于渭，其中多水玉[1]。

又西百七十里，曰南山，上多丹粟[2]。丹水出焉，北流注于渭。兽多猛豹[3]，鸟多尸鸠[4]。

又西百八十里，曰大时之山，上多榖柞，下多杻橿，阴多银，阳多白玉。涔[5]水出焉，北流注于渭。清水出焉，南流注于汉水。

又西三百二十里，曰嶓冢[6]之山，汉水出焉，而东南流注于沔[7]；嚣[8]水出焉，北流注于汤水。其上多桃枝钩端[9]，兽多犀兕熊罴[10]，鸟多白翰赤鷩[11]。有草焉，其叶如蕙[12]，其本[13]如桔梗[14]，黑华而不实[15]，名曰蓇蓉[16]，食之使人无子[17]。

注释：

1 水玉：水晶石。

2 丹粟：粟粒大小的丹砂。

3 猛豹：传说中的一种野兽，像熊而稍小，浅色的毛皮有光泽，吃蛇，还能吃铜铁。

4 尸鸠（jiū）：布谷之类的鸟。

5 涔（cén）：水多、连绵不绝的样子，此处为河流名。

6 嶓冢（bō zhǒng）：山名，即今汉王山，在陕西汉中宁强县境内。

7 沔（miǎn）：水流充满河道。此处指沔水，在汉中境内，为汉水的主要支流。

8 嚣（áo）：此处为河流名。

9 桃枝钩端：竹子名称。桃枝，每节约长四寸，钩端为桃枝属的竹子。

10 犀兕（sì）熊罴（pí）：四种体型较大的动物。罴，是一种棕色的熊。

11 白翰（hàn）赤鷩（bì）：两种鸟，白雉和锦鸡。翰，本义为长而坚硬的羽毛。鷩，锦鸡。

12 蕙：一种香草，属于兰草之类。

13 本：草木的根。

14 桔梗：此处指桔梗的茎干。

15 不实：不结果。

16 菁蓉（gū róng）：香草名。

17 食之使人无子：为吃了这种草使人不能生孩子。

又西三百五十里，曰天帝之山，上多棕楠，下多菅蕙[1]。有兽焉，其状如狗，名曰谿边，席[2]其皮者不蛊。有鸟焉，其状如鹑，黑文而赤翁[3]，名曰栎[4]，食之已痔。有草焉，其状如葵，其臭如靡芜，名曰杜衡[5]，可以走马[6]，食之已瘿[7]。

西南三百八十里，曰皋涂[8]之山，蔷[9]水出焉，西流注于诸资之水；涂水出焉，南流注于集获之水。其阳多丹粟，其阴多银、黄金，其上多桂木。有白石焉，其名曰礜[10]，可以毒鼠[11]。有草焉，其状如槁茇[12]，其叶如葵而赤背，名曰无条，可以毒鼠。有兽焉，其状如鹿而白尾，马足人手而四角，名曰玃如[13]。有鸟焉，其状如鸱而人足，名曰数斯，食之已瘿。[14]

注释：

1 菅（jiān）蕙：菅草和蕙草。

2 席：以之为坐席，铺垫。

3 翁：鸟脖子上的毛。

4 栎（lì）：前文多指树，此处为鸟名。

5 杜衡：一种香草。古诗文中还用来比喻美人。

6 走马：走，跑。此处为使动用法，使马跑得快。

7 瘿（yǐng）：肉瘤，尤指脖颈部的较大的囊状肉瘤。句意为吃了这种草，可以医治肉瘤病。

8 皋（gāo）涂：山名。

9 蔷（sè）：这里为水名。

10 礜（yù）：礜石，可作为中药材，有祛湿、杀虫的作用，用

［日本］佚名《怪奇鸟兽图卷》（局部）

［日本］佚名《怪奇鸟兽图卷》（局部）

来喂蚕可使之长肥。

11 毒鼠：毒死老鼠。

12 槁茇（gǎo bá）：一种香草。

13 猰（yīng）如：一种怪兽名。

14 本句意为山中还有一种禽鸟，形状像鹞鹰却长着人一样的脚，名称是数斯，吃了它的肉就能治愈人脖子上的赘瘤病。

又西百八十里，曰黄山，无草木，多竹箭。盼水出焉，西流注于赤水，其中多玉。有兽焉，其状如牛，而苍黑大目，其名曰𤘍。[1] 有鸟焉，其状如鸮[2]，青羽赤喙，人舌能言，名曰鹦䳇[3]。

又西二百里，曰翠山，其上多棕楠，其下多竹箭，其阳多黄金、玉，其阴多旄牛、麢、麝[4]。其鸟多鸓[5]，其状如鹊，赤黑而两首、四足，可以御火。

又西二百五十里，曰騩山[6]，是錞[7]于西海，无草木，多玉。淒水出焉，西流注于海，其中多采石、黄金，多丹粟。

凡《西经》之首，自钱来之山至于騩山，凡十九山，二千九百五十七里。华山冢[8]也，其祠之礼：太牢[9]。羭山神也，祠之用烛，斋[10]百日以百牺[11]，瘗用百瑜[12]，汤[13]其酒百樽，婴[14]以百珪百璧。[15] 其余十七山之属，皆毛牷用一羊祠之。烛者，百草之未灰，白席采等纯之。[16]

注释：

1 本句意为有种野兽，长得像牛，颜色苍黑，眼睛很大，名字叫作𤘍（mǐn）。

2 鸮（xiāo）：古代对猫头鹰一类鸟的统称。

3 鹦䳇（wǔ）：即鹦鹉。

4 麢（líng）、麝（shè）：麢，古同“羚”，指羚羊，好在山间活动。麝，獐鼠，哺乳动物，毛棕黑色，身上能散发出香气。

5 鸓（lěi）：一种小鸟。形状像喜鹊，黑色、红脚，却有两只头、四只脚。

6 騩（guī）山：此处为山名。騩，本意为黑色的马。

7 錞（chún）：本义为古代乐器名。前人注认为是“蹲”的通假字，此处作“蹲”讲更合理，坐落的意思。本句意为再往西二百五十里，是座騩山，它坐落在西海边上，这里没有花草树木，却有很多玉石。

8 华山冢：华山是众神灵聚集的地方。冢，神鬼停留的地方。

9 太牢：古代祭祀中，牛、羊和小猪这三牲齐备。

10 斋：古人在祭祀前或举行典礼前清洁身体以示庄敬。

11 牺：古代祭祀时用的纯色的牲畜。

12 瑜：美玉。

13 汤：通“烫”。

14 婴：祭祀中所陈列器具的总称，这里作动词。前人注也有认为同古“罂”字，即盂的意思。

15 本句意为祭祀羭山山神用烛火，斋戒一百天后用一百只毛色纯正的牲畜，并将一百块美玉埋入地下，烫上一百樽美酒，祀神的玉器用一百块玉珪和一百块玉璧。珪、璧，皆为玉名。

16 本句意为所谓的烛，就是用百草制作的火把但未烧成灰的时候，而祭祀不同等级的神的席，则使用的是用各种颜色等差有序地将边缘装饰起来的白茅草席。

《西次二经》之首，曰钤山[1]，其上多铜，其下多玉，其木多杻橿。

西二百里，曰泰冒之山，其阳多金，其阴多铁。洛水出焉，东流注于河，其中多藻玉，多白蛇。[2]

又西一百七十里，曰数历之山，其上多黄金，其下多银，其木多杻橿，其鸟多鹦䳇。楚水出焉，而南流注于渭，其中多白珠。

又西百五十里，（曰）高山[3]，其上多银，其下多青碧、雄黄[4]，其木多棕，其草多竹。泾水出焉，而东流注于渭，其中多磬石、青碧。

西南三百里，曰女床之山，其阳多赤铜，其阴多石涅[5]，其兽多虎、豹、犀、兕。有鸟焉，其状如翟[6]而五采文，名曰鸾鸟[7]，见则天下安宁。[8]

注释：

1 钤（qián）山：此山在今江西省境内。

2 本句意为向西二百里，是座泰冒山，山南面多出产金，山北面多出产铁。洛水从这座山发源，向东流入黄河，水中有很多藻玉，还有很多白色的水蛇。藻玉，带有色彩纹理的美玉。

3 前缺一个"曰"字，由上下文体例格式推测可知，意为此山名叫高山。

4 青碧、雄黄：青碧，青绿色的美玉。雄黄，也叫鸡冠石，是一种矿物，古人常用作解毒、杀虫的药物，可以辟邪。

5 石涅（niè）：黑脂石的别名。

6 翟（dí）：长尾野鸡，古代常用其羽毛来作乐舞中的装饰。

7 鸾（luán）鸟：凤凰一类的鸟，又名青鸟、玄鸟。

8 此句意为山里还有一种禽鸟，形状像野鸡却长着色彩斑斓的羽毛，叫作鸾鸟，出现的时候就会天下太平。

又西二百里，曰龙首之山，其阳多黄金，其阴多铁。苕水[1]出焉，而东南流注于泾水，其中多美玉。

又西二百里，曰鹿台之山，其上多白玉，其下多银，其兽多㸲牛[2]、羬羊、白豪[3]。有鸟焉，其状如雄鸡而人面，名曰凫徯，其鸣自叫也，见则有兵。[4]

西南二百里，曰鸟危之山，其阳多磬石，其阴多檀楮[5]，其中多女床[6]。鸟危之水出焉，西流注于赤水，其中多丹粟。

又西四百里，曰小次之山，其上多白玉，其下多赤铜。有兽焉，其状如猿，而白首赤足，名曰朱厌，见则大兵。[7]

注释：

1 苕水：苕音作 sháo 或 tiáo，此河流可能与今浙江苕溪有关。

2 㸲（zuó）牛：传说中的一种牛，重可达千斤。

3 白豪：长着白毛的豪猪。

4 本句意为山中有种鸟，长得像雄鸡却有人的脸，叫作凫徯（fú xī），它的名字自叫声得来，出现的时候就会发生战争。兵，这里指战争，还可指兵器、战士。

5 檀楮（chǔ）：檀树和楮树，都是很有用的木材原料。

6 女床：草名。

7 本句意为山中有一种野兽，形状像普通的猿猴，白头、红脚，叫作朱厌，出现时就会起战事。大兵，前人注以文意推知当作“有兵”，即发生战争。

又西三百里，曰大次之山，其阳多垩[1]，其阴多碧，其兽多㸲牛、麢羊。

又西四百里，曰薰吴之山，无草木，多金玉。

又西四百里，曰厎阳[2]之山，其木多椶[3]、楠、豫章，其兽多犀、兕、虎、犳[4]、㸲牛。

又西二百五十里，曰众兽之山，其上多㻬琈之玉，其下多檀楮，多黄金，其兽多犀、兕。

又西五百里，曰皇人之山，其上多金玉，其下多青、雄黄[5]。皇水出焉，西流注于赤水，其中多丹粟。

又西三百里，曰中皇之山，其上多黄金，其下多蕙、棠[6]。

又西三百五十里，曰西皇之山，其阳多金，其阴多铁，其兽多麋[7]、鹿、牸牛。

又西三百五十里，曰莱山，其木多檀楮，其鸟多罗罗，是食人。[8]

凡《西次二经》山之首，自钤山至于莱山，凡十七山，四千一百四十里。其十神者，皆人面而马身。[9]其七神皆人面牛身，四足而一臂，操杖以行，是为飞兽之神。其祠之，毛用少牢[10]，白菅为席，其十辈[11]神者，其祠之，毛一雄鸡，钤[12]而不糈；毛采[13]。

注释：

1 垩（è）：黏土，能用作涂饰粉刷墙壁，本义为白色，实际有多种颜色。

2 底阳（zhǐ yáng）：山名。

3 稷（jì）：即水松。

4 犳（zhuó）：传说中有着豹纹的一种动物。

5 青、雄黄：青，一种可以用作蓝色染料的矿物。雄黄，即鸡冠石，也是一种矿物。或有认为青雄黄是一种物品的，即指雄黄中色青黑而坚硬者。

6 棠：棠梨树，果实似梨而小，味道酸甜。

7 麋（mí）：一种鹿类动物，角似鹿，头似马，身子似驴，蹄子似牛，俗称“四不像”。

8 本句意为再往西三百五十里，是座莱山，山中的树木大多是檀树和构树，而禽鸟大多是罗罗鸟，能吃人。

9 本句意为其中十座山的山神，都是人的面孔而马的身子。

10 少劳：祭祀用羊和猪。

11 辈：类。

12 钤：可能是祭祀所用的器物名，或是“祈”字的通转（古汉语的一种用字方法，读音相近而意义相联）。

13 毛采：所用的毛物要是杂色的。采，花纹，与纯色相对而言。

《西次三经》之首，曰崇吾之山，在河之南，北望冢遂[1]，南望䍃[2]之泽，西望帝之搏兽之丘[3]，东望蠕渊[4]。有木焉，员[5]叶而白柎[6]，赤华而黑理，其实如枳，食之宜子孙[7]。有兽焉，其状如禺而文臂[8]，豹尾而善投，名曰举父。有鸟焉，其状如凫[9]，而一翼一目，相得乃飞[10]，名曰蛮蛮，见则天下大水。

西北三百里，曰长沙之山。泚[11]水出焉，北流注于泑水，无草木，多青、雄黄。

又西北三百七十里，曰不周之山。北望诸毗之山，临彼岳崇之山，东望泑[12]泽，河水所潜[13]也，其原浑浑泡泡[14]。爰[15]有嘉果，其实如桃，其叶如枣，黄华而赤柎，食之不劳。[16]

注释：

1 冢遂（zhǒng suì）：山名。

2 䍃（yóu）：此处为山名。

3 帝之搏兽之丘：天帝的搏兽山。

4 蠕（yān）渊：水名。

5 员：同“圆”。

6 柎（fū）：花萼。

7 宜子孙：使人多子多孙。宜，有助于。

8 文臂：臂膀上有花纹。

9 凫（fú）：野鸭，又叫鹜。

10 相得乃飞：两只互相帮助才能飞起来。相得，互助。

11 泚（zǐ）：古水名，在今长沙一带。

12 泑（yōu）：湖泊名，可能指今新疆之罗布泊。

13 河水所潜：是黄河源头所在的地方。河，在中国古代常特指黄河。

14 其原浑浑泡泡：那源头的水喷涌而出。原，“源”的古字，指河流的源头。浑浑泡泡，形容水流喷发。

15 爰：句首助词，于是。

16 本句意为这里有一种特别珍贵的果树，结出的果实与桃子很相似，叶子却像枣树叶，黄花朵、红花萼，吃了它就能使人解除烦恼忧愁。

又西北四百二十里，曰峚山[1]，其上多丹木，员叶而赤茎[2]，黄华而赤实，其味如饴，食之不饥。[3]丹水出焉，西流注于稷泽[4]，其中多白玉。是有玉膏[5]，其原沸沸汤汤[6]，黄帝是食是飨[7]。是生玄玉[8]。玉膏所出，以灌丹木[9]，丹木五岁，五色乃清，五味乃馨。[10]黄帝乃取峚山之玉荣，而投之钟山之阳。瑾瑜之玉为良，坚粟精密，浊泽而光。[11]五色发作，以和柔刚。[12]天地鬼神，是食是飨；君子服之，以御不祥。[13]自峚山至于钟山，四百六十里，其间尽泽也。是多奇鸟、怪兽、奇鱼，皆异物焉。

又西北四百二十里，曰钟山。其子曰鼓，其状人面而龙身，是与钦䲹[14]杀葆江[15]于昆仑之阳，帝乃戮之钟山之东曰崌崖。钦䲹化为大鹗[16]，其状如雕而黑文白首，赤喙而虎爪，其音如晨鹄[17]，见则有大兵；鼓亦化为鵕鸟[18]，其状如鸱，赤足而直喙，黄文而白首，其音如鹄，见则其邑大旱。[19]

注释：

1 峚（mì）山：山名，也作“密山”，在今陕西商县境内。

2 员叶而赤茎：有着圆圆的果实、红色的茎秆。

3 本句意为味道就像糖浆，吃了使人不觉得饥饿。

4 稷（jì）泽：传说后稷神曾在此停留，故名。

5 是有玉膏：这里出产玉膏。玉膏，传说食用之后可养生增寿成仙。

6 沸沸汤汤（shāng）：水涌出的样子，意思是说玉膏自源头不断涌出。

7 是食是飨（xiǎng）：以酒食招待朋友或祭祀神灵。倒装句式，“是”为代词，即黄帝常常食用这些玉膏。飨，通“享”，享用。

8 玄玉：黑色的玉。玄，黑色。

9 丹木：传说中的一种树。

10 本句意为丹木经过五年的生长，便会开出光艳美丽的五色花朵，结下味道香甜的五色果实。色，颜色，这里指花朵。味，味道，这里指果实。馨，芳香。

11 本句意为玉的质地坚硬而精密，润厚而有光泽。前人注有以“粟”为“栗”之误的。

12 本句意为五种色泽一同散发出来相互辉映，有刚有柔而非常和美。

13 本句意为君子佩带它，能抵御妖邪不祥之气的侵袭。君子，指德行好的人。

14 钦䲹（pí）：本为一种鸟名，又指人名。前人注有以为是“堪坏”讹误导致的，堪坏为神名，人面而兽形。

15 葆江：传说中的天神名，也有称祖江的。

16 大鹗：传说中的怪鸟，像大雕却有着黑色的毛、白色的头、红色的嘴和类似老虎爪子的脚。

17 晨鹄（hú）：鹄指天鹅。晨鹄为鹗鹰之类的鸟。

18 鵕（jùn）鸟：传说中的鸟。

19 本句意为鼓死后也化为鵕鸟，形状像一般的鸱鹰，有着红色的脚和直直的嘴，身上是黄色的斑纹而头却是白色的，发出的声音与鸿鹄的鸣叫很相似，在哪个地方出现那里就会有旱灾。

又西百八十里，曰泰器之山。观水出焉，西流注于流沙。是多文鳐鱼[1]，状如鲤鱼，鱼身而鸟翼，苍[2]文而白首赤喙，常行西海，游于东海，以夜飞[3]。其音如鸾鸡[4]，其味酸甘[5]，食之已狂[6]，见则天下大穰。[7]

又西三百二十里，曰槐江之山。丘时之水出焉，而北流注于泑水[8]。其中多蠃母[9]，其上多青、雄黄，多藏[10]琅玕[11]、黄金、玉，其阳多丹粟，其阴多采黄金银[12]。实惟帝之平圃[13]，神英招[14]司[15]之，其状马身而人面，虎文而鸟翼，徇[16]于四海，其音如榴[17]。南望昆仑，其光熊熊[18]，其气魂魂。西望大泽，后稷所潜也。其中多玉，其阴多榣木之有若[19]。北望诸毗，槐鬼离仑[20]居之，鹰鹯[21]之所宅[22]也。东望恒山四成[23]，有穷鬼居之，各在一搏[24]。爰有淫水[25]，其清洛洛[26]。有天神焉，其状如牛，而八足二首马尾，其音如勃皇，见则其邑有兵。[27]

注释：

1 文鳐（yáo）鱼：一种会飞的鱼，又名燕鳐鱼、飞鱼。

2 苍：深青色。

3 以夜飞：在夜间飞行。

4 鸾鸡：鸾鸟。

5 酸甘：酸中带甜。甘，甜。

6 狂：癫痫之类的疾病。

7 本句意为文鳐鱼形状像鲤鱼，长有鱼的身体，鸟的翅膀，身上有苍色斑纹，白头红嘴，常从西海游到东海，在夜间飞翔。叫声像鸾鸡，肉的味道酸中带甜，据说吃了可以治疗癫狂，见到它天下丰收。大穰（ráng），也写作“大壤”，大丰收。

8 泑（yōu）水：传说中的水名。

9 蠃（luǒ）母：即蟔（pù）螺，田螺之类的。

10 藏：有两种解释，一种是隐藏，一种指通“臧”，善、好的意思。

11 琅玕（láng gān）：长得像珍珠的石头。

12 采黄金银：有着黄色纹理的金银矿石。

13 平圃：即玄圃，即天帝在天上的花园。

14 神英招：天神，名叫英招。

15 司：掌管。

16 徇：周行，绕着圈飞。

17 榴：同“抽”，汲水、提取。此处指用辘轳抽水的声音。也有说通“籀”的，意思不明，但都是拟声。

18 熊熊：盛大的样子。其后“魄魄”意思与之相近。

19 榣（yáo）木之有若：榣木和若木，此处“之”为连接虚词。榣木，特别高大的树木。若木，神话传说中的树，具有奇异而神灵的特性。

20 槐鬼离仑：槐鬼，槐江山的鬼神。离仑为神名。

21 鹰鹯（zhān）：鹞鹰一类的鸟。

22 宅：居住、栖息。

23 恒山四成：四重高的恒山。成，重，都有倍的意思。

24 抟：即“胁”，肩膀的意思。“抟”前人有注为“摶”的，即传。这里是说群鬼各以类聚，各在一个山头。

25 淫水：淫本作“瑶”，是个假借字。淫本身有泛滥、水太多的意思。

26 洛洛：本作“落落”，水缓缓流下的样子。是说这里有大水流下，清冽而汩汩流淌。

27 本句意为有个天神住在山中，他像普通的牛，但却长着八只脚、两个脑袋并拖着一条马的尾巴，啼叫声如同人在吹奏乐器时薄膜发出的声音，他出现的地方就会有战争。勃皇，吹奏乐器时的薄膜发出的声音。

西南四百里，曰昆仑之丘，是实惟帝之下都[1]，神陆吾司之[2]。其神状虎身而九尾，人面而虎爪；是神也，司天之九部及帝之囿时[3]。有兽焉，其状如羊而四角，名曰土蝼[4]，是食人。有鸟焉，其状如蜂，大如鸳鸯，名曰钦原，蠚鸟兽则死，蠚木则枯。[5]有鸟焉，其名曰鹑鸟[6]，是司帝之百服[7]。有木焉，其状如棠[8]，黄华赤实，其味如李而无核，名曰沙棠，可以御水，食之使人不溺。[9]有草焉，名曰蓍草[10]，其状如葵，其味如葱，食之已劳。[11]河水出焉，而南流东注于无达[12]。赤水出焉，而东南流注于氾天[13]之水。洋水出焉，而西南流注于丑涂[14]之水。黑水出焉，而西流于大杅。是多怪鸟兽。

又西三百七十里，曰乐游之山。桃水出焉，西流注于稷泽，是多白玉，其中多鲭鱼，其状如蛇而四足，是食鱼。[15]

西水行四百里，曰流沙，二百里至于蠃母之山，[16]神长乘司之，是天之九德也。[17]其神状如人而犳尾[18]。其上多玉，其下多青石而无水。

注释：

1 是实惟帝之下都：这里确实是天帝在人间的都邑。

2 神陆吾司之：由天神陆吾掌管。司，掌管。

3 司天之九部及帝之囿时：掌管天域的九个部界，以及天帝园林的时节。囿（yòu），古时帝王畜养可供观赏的动物的园林。

4 土蝼（lóu）：怪兽名。

5 本句意为这种叫钦原的鸟，被它蜇一下，鸟兽就会死、草木则会枯萎。蠚（hē），蜇。

6 鹑（chún）鸟：即凤凰，红色的凤凰，不同于鹌鹑。

7 是司帝之百服：掌管天帝祭祀中的所有用物。服，器服，有藏、汇聚的意思。

8 棠：即棠梨树。

9 本句意为这里树，长得像普通的棠梨树，却开黄色的花、结红色的果实。果实尝起来像李子，没有核，树木本身能防水，食用后可以使人漂浮不沉。

10 蘋（pín）草：草名。

11 本句意为山中还有一种草，名称是蘋草，形状很像葵菜，但味道与葱相似，吃了它就能消除烦恼忧愁。劳，忧愁烦恼。

12 无达：山名。

13 氾（fàn）天：山名。

14 丑涂：山名。在《大荒南经》中也会提到此山。

15 本句意为水中还有很多鲳鱼，形状像普通的蛇却长着四只脚，是能吃鱼类的。鲳（huá）鱼，前人注有作“渭”的。

16 前人注称本句原来应该是“西水行四百里，流沙二百里，至于蠃母之山。”蠃（luǒ）母，山名。

17 本句意为天神长乘主管这里，他是天的九德之气所生。

18 其神状如人而豹（zhuó）尾：（天神长乘）长得像人却有着

犳的尾巴。犳，类似于豹子的动物。

又西三百五十里，曰玉山，是西王母所居也。西王母其状如人，豹尾虎齿而善啸[1]，蓬发戴胜[2]，是司天之厉及五残[3]。有兽焉，其状如犬而豹文，其角如牛，其名曰狡[4]，其音如吠犬，见则其国大穰。有鸟焉，其状如翟[5]而赤，名曰胜遇，是食鱼，其音如录，见则其国大水。[6]又西四百八十里，曰轩辕之丘[7]，无草木。洵水出焉，南流注于黑水，其中多丹粟，多青、雄黄。

又西三百里，曰积石之山，其下有石门，河水冒以西流。[8]是山也，万物无不有焉。[9]

又西二百里，曰长留之山，其神白帝少昊[10]居之。其兽皆文尾，其鸟皆文首。[11]是多文玉石。实惟员神磈氏[12]之宫。是神也，主司反景。[13]

注释：

1 善啸：喜欢长叫。啸，野兽发出的长号（háo）。

2 蓬发戴胜：蓬着头发，戴着玉胜。胜，指玉胜，古时用玉制作的一种首饰。

3 是司天之厉及五残：（西王母）掌管上天灾厉和五刑之权。

4 狡（jiǎo）：兽名。

5 翟（dí）：野鸡。

6 本句意为山中还有一种禽鸟，像野鸡却通身红色，名叫胜遇，是能吃鱼类的，它发出的声音如同鹿在鸣叫，在哪个国家出现那个国家就会发生水灾。录，或以为是“鹿”字的讹误。大水，水灾。

7 轩辕之丘：传说黄帝居住在此。丘，小山。

8 本句意为再往西三百里，是一座积石山，山下有石门，黄河水从石门上流过。河水，黄河。冒，漫过、覆盖。

9 本句意为在这座山中万物皆全。

10 白帝少昊：即金天氏，名挚。传说是古代东夷部落首领。

11 本句意为（山中）的动物都有着色彩斑斓的尾巴，鸟类都有彩色花纹的头。

12 员神磈（kuǐ）氏：关于此神的记载较少，或以为即少昊。

13 本句意为（员神磈氏）专门掌管太阳落山时反射出的光影。景，通“影”。反景，即倒影。

又西二百八十里，曰章莪[1]之山，无草木，多瑶、碧[2]。所为甚怪[3]。有兽焉，其状如赤豹，五尾一角，其音如击石，其名如狰[4]。有鸟焉，其状如鹤，一足，赤文青质而白喙，名曰毕方，其鸣自叫也，见则其邑有讹火。[5]

又西三百里，曰阴山[6]。浊浴[7]之水出焉，而南流注于蕃泽[8]，其中多文贝[9]。有兽焉。其状如狸[10]而白首，名曰天狗，其音如榴榴[11]，可以御凶[12]。

又西二百里，曰符惕[13]之山，其上多棕楠，下多金玉。神江[14]疑居之。是山也，多怪雨，风云之所出也。[15]

注释：

1 章莪（é）：草名。

2 瑶、碧：皆为玉名。

3 所为甚怪：有很多比较少见的事物。怪，异于平常。

4 其名如狰（zhēng）：本句当为“其名曰狰”，即这种怪兽的名字叫狰。

5 本句意为这里有一种鸟，长得像鹤，却只有一只脚。毛色青而有红色的花纹，嘴是白色的，名字叫毕方，它的名字就是模拟叫声而得来，它出现的地方就会有火灾。讹火，怪火、无名之火。

6 阴山：可能和今天西北地区的阴山山脉有关系。

7 浊浴：河流名，前人注有写作“浊谷”的。

8 蕃（fān）泽：河流名。

9 文贝：有色彩花纹的贝壳。

10 狸（lí）：一种野猫。

11 榴榴：拟声词。前人注以为是“猫猫”形近导致的错误。依据文义，应该作“猫猫”。

12 御凶：辟邪。御，防止、防御。凶，意外的灾祸、邪气。

13 符惕（yáng）：山名。

14 神江：叫作江的山神。

15 本句意为这座山上多不知来由的雨，风和云从这里兴起。

又西二百二十里，曰三危之山，三青鸟[1]居之。是山也，广员[2]百里。其上有兽焉，其状如牛，白身四角，其豪如披蓑[3]，其名曰㦤䚶[4]，是食人。有鸟焉，一首而三身，其状如䴅[5]，其名曰鸱。

又西一百九十里，曰騩山[6]，其上多玉而无石。神耆童[7]居之，其音常如钟磬[8]。其下多积蛇[9]。

又西三百五十里，曰天山，多金玉，有青、雄黄。英水出焉，而西南流注于汤谷。有神焉，其状如黄囊，赤如丹火，六足四翼，浑敦[10]无面目，是识歌舞，实为帝江也。

又西二百九十里，曰泑山，神蓐收[11]居之。其上多婴短之玉[12]，其阳多瑾、瑜之玉，其阴多青、雄黄。是山也，西望日之所入，其气员，神红光之所司也。[13]

注释：

1 三青鸟：传说专为西王母取送食物的一种鸟。

2 广员：方圆。员，同“圆”。

3 豪：动物身上比较粗硬的毛。 蓑：蓑草编织的衣服，古时用来防雨。

4 獓㹹（áo yè）：前人注也有写作“獓狪（áo yè）”的。

5 鵅（luò）：一种类似雕的鸟，有黑色斑纹和红色脖颈。

6 騩（guī）山：騩，本义为浅黑色的马。作为山名的騩山在今甘肃敦煌一带。

7 神耆（qí）童：叫作耆童的山神，传说是上古帝王颛顼的儿子，他有一个子孙叫长琴，这是一个与乐器有关的神。耆，本义为老的意思。

8 磬：古代一种用美玉或美石雕刻而成的乐器，悬挂起来击打，可以发出悦耳的声音。

9 积蛇：四处盘踞的蛇。

10 浑敦：即“浑沌”，这里指面目五官模糊。

11 神蓐（rù）收：叫作蓐收的山神。

12 婴短之玉：即“婴垣之玉”（见前文“羭次之山”注释），用来装饰颈项的玉。前人注以为垣、短可能都是“脰（dòu）”字的讹误。脰，即脖颈。婴，环绕。

13 本句意为站在这座山上，向西可以望见太阳落山的情景，气象浑圆，是由天神红光所主管的。

西水行百里，至于翼望之山[1]，无草木，多金玉。有兽焉，其状如狸，一目而三尾，名曰讙[2]，其音如棄百声[3]，是可以御凶，服之已瘅[4]。有鸟焉，其状如乌[5]，三首六尾而善笑，名曰鵸䳜[6]，服之使人不厌[7]，又可以御凶。

凡《西次三经》之首，（自）崇吾之山至于翼望之山，凡二十三山，六千七百四十四里。其神状皆羊身人面，其祠之礼：

用一吉玉[8]瘞，糈用稷米。[9]

注释：

1 翼望之山：也有称为“土翠山”的。

2 讙（huān）：兽名，初见于《山海经》，后引申为众声喧哗的意思。

3 其音如夺（duó）百声：其叫声可以赛过一百种动物的鸣叫。夺，同“夺”，竞争、压倒之意，在这里还可能指相仿，即模仿很多种动物的叫声。

4 瘅（dàn）：通“疸”，即黄疸病。

5 乌：即乌鸦。

6 鵸鵌（qí yú）：传说中的鸟，最初出现在《山海经》中。

7 厌：通“魇”，即梦魇，睡眠中做梦而害怕、惊叫。

8 吉玉：祥瑞的玉。

9 往西经过的三个山系中的第一个，从崇吾山起到翼望山止，共二十三座，绵延六千七百四十四华里。这些山神都有羊的身子、人的头，祭祀他们的礼节是：埋一块祥瑞的玉到地下，米用高粱之类的谷物。

《西次四经》之首，曰阴山，上多穀，无石，其草多茆、蕃[1]。阴水出焉，西流注于洛。

北五十里，曰劳山，多茈草[2]。弱水出焉，而西流注于洛。

西五十里，曰罢父之山，洱水[3]出焉，而西流注于洛，其中多茈、碧[4]。

北百七十里，曰申山，其上多穀柞，其下多杻橿，其阳多金玉。区水[5]出焉，而东流注于河。

北二百里，曰鸟山。其上多桑，其下多楮。其阴多铁，其阳多玉。辱水出焉，而东流注于河。

又北百二十里，曰上申之山，上无草木，而多硌石[6]，下多榛楛，兽多白鹿。其鸟多当扈，其状如雉，以其髯飞，食之不眴目。[7]汤水出焉，东流注于河。

又北百八十里，曰诸次之山，诸次之水出焉，而东流注于河。是山也，多木无草，鸟兽莫居，是多众蛇。

又北百八十里，曰号山，其木多漆、椶，其草多药、虈[8]、芎䓖[9]。多汵石[10]。端水出焉，而东流注于河。

注释：

1 茆（mǎo）、蕃：茆，即莼菜，学名凫葵，生于水中，嫩叶可食，后来成为江南一带特有的菜。蕃，通“薠”，草名，这种草也生长在水边，据说大雁喜欢吃。

2 茈（zǐ）草：即紫草，可用来染出紫颜色。

3 洱（ěr）水：河流名。

4 碧：青绿色，这里指青绿色的玉石。

5 区（ōu）水：河流名。

6 硌（luò）石：较大的石块。

7 本句意为（山中）常见一种叫当扈（hù）的鸟，长得像野鸡，倚靠长长的胡须飞翔，吃了它的肉不会犯眨眼病。眴（shùn）目，即“瞬目”，眨眼的意思。

8 虈（xiāo）：一种香草。

9 芎䓖（xiōng qióng）：一种香草，未开花时叫蘼芜，当叶子长得宽大时称作江蓠，结根后叫䓖，有药性。以四川出产的最佳，所以又叫川穹。

10 汵（gàn）石：一种石质柔软如泥的石头。

又北二百二十里，曰盂山，其阴多铁，其阳多铜，其兽多白狼、白虎，其鸟多白雉、白翟[1]。生水出焉，而东流注于河。

西二百五十里，曰白於之山，上多松柏，下多栎[2]檀，其兽多㸲牛、羬羊，其鸟多鸮。洛水出于其阳，而东流注于渭；夹水出于其阴，东流注于生水。

西北三百里，曰申首之山，无草木，冬夏有雪。申水出于其上，潜[3]于其下，是多白玉。

又西五十五里，曰泾谷[4]之山。泾水出焉，东南流注于渭，是多白金、白玉。

又西百二十里，曰刚山，多柒木[5]，多㻬琈之玉。刚水出焉，北流注于渭。是多神䰠[6]，其状人面兽身，一足一手，其音如钦[7]。

又西二百里，至刚山之尾。洛水出焉，而北流注于河。其中多蛮蛮[8]，其状鼠身而鳖首，其音如吠犬。

注释：

1 翟：前人注称是"翠"的讹误，翠即翠鸟。

2 栎（lì）：栎树，即前文提到的柞树。

3 潜：潜流，即水在地面以下流动。

4 泾（jīng）谷：根据上下文，此处泾谷、泾水和渭水主要在今陕西境内，有成语"泾渭分明"。

5 柒木：漆树。柒，同"漆"。

6 神䰠（chì）：䰠，同"魑（chì）"，指山泽中的鬼怪。上古时期神鬼常常并称。

7 钦：通"吟"，呻吟的意思。

8 蛮蛮：属于水獭之类的动物，和上文的蛮蛮鸟同名而异物。

又西三百五十里，曰英鞮[1]之山，上多漆木，下多金玉，鸟兽尽白。涴水[2]出焉，而北流注于陵羊之泽。是多冉遗之鱼[3]，鱼身蛇首六足，其目如马耳[4]，食之使人不眯[5]，可以御凶。

又西三百里，曰中曲之山，其阳多玉，其阴多雄黄、白玉及金。有兽焉，其状如马而白身、黑尾、一角、虎牙爪[6]，音如鼓音，其名曰駮，是食虎豹，可以御兵。[7]有木焉，其状如棠，而员叶赤实，实大如木瓜，名曰櫰木[8]，食之多力。

又西二百六十里，曰邽山[9]。其上有兽焉，其状如牛，猬毛[10]，名曰穷奇[11]，音如嗥狗[12]，是食人。濛水出焉，南流注于洋水，其中多黄贝[13]；蠃鱼[14]，鱼身而鸟翼，音如鸳鸯，见则其邑大水。

注释：

1 英鞮（dī）：山名。鞮，本义为用兽皮做的靴子。

2 涴（yuān）水：古河流名。

3 冉遗之鱼：前人注认为“冉遗”可能是“无（無）遗”的讹误。无遗之鱼即蒲夷之鱼，下文“北次三经”将会出现。

4 其目如马耳：这种鱼的眼睛就像马的耳朵。

5 眯（mì）：即梦魇，睡眠中做不好的梦而受到惊吓。

6 虎牙爪：（有着）老虎的牙齿和爪子。

7 这种像马的动物能吃老虎和豹子，饲养它可用来抵御刀兵。駮（bó），传说中的兽名。

8 櫰（guī）木：一种落叶乔木，木质坚硬，可用来做家具和雕刻，所结果实可用来榨油。据说吃了它的果实可以增加人的力量。

9 邽（guī）山：此山在今甘肃天水一带。

10 猬毛：长着刺猬一般的毛。猬，刺猬。

11 穷奇：野兽名。

12 嗥（háo）狗：（这种动物的声音像）狗的吼叫声。嗥，野兽吼叫。

13 黄贝：据古人说是一种甲虫，肉像蝌蚪，但有头也有尾巴。

14 蠃（luǒ）鱼：传说中的鱼，叫声像鸳鸯，出现的地方就会有水灾。

又西二百二十里，曰鸟鼠同穴之山[1]，其上多白虎、白玉。渭水出焉，而东流注于河，其中多鰠鱼[2]，其状如鳣鱼[3]，动则其邑有大兵[4]。滥水出于其西，西流注于汉水，多𬶍魮[5]之鱼，其状如覆铫[6]，鸟首而鱼翼、鱼尾，音如磬石之声，是生珠玉。[7]

西南三百六十里，曰崦嵫[8]之山，其上多丹木，其叶如榖，其实大如瓜，赤符[9]而黑理，食之已瘅，可以御火。其阳多龟，其阴多玉。苕水出焉，而西流注于海，其中多砥砺。有兽焉，其状马身而鸟翼，人面蛇尾，是好举人[10]，名曰孰湖。有鸟焉，其状如鸮而人面，蜼[11]身犬尾，其名自号也，见则其邑大旱。

凡《西次四经》，自阴山以下，至于崦嵫之山，凡十九山，三千六百八十里。其神祠礼：皆用一白鸡祈，糈以稻米，白菅为席。[12]

右《西经》之山，凡七十七山，一万七千五百一十七里。

注释：

1 鸟鼠同穴之山：传说山中有种鸟和鼠类共处一穴，却能够和平相处，山也因此而得名，在今甘肃省境内。

2 鰠（sāo）鱼：传说中的一种鱼。

3 鳣（zhān）鱼：鲟鳇（xún huáng）鱼的古称，俗又称大黄鳣，体型较大，肉黄色。

4 动则其邑有大兵：凡有这种鱼出现的地方，就会发生激烈的战争。动，出没。

5 鮆魮（rú pí）：传说中的鱼名。

6 覆铫（diào）：覆，倒扣。铫，俗名吊子，古时用来烧水煮食的锅类器具，有长柄。

7 本句意为滥水从鸟鼠同穴山的西面发源，向西流入汉水，水中有很多鮆魮鱼，形状像反转过来的铫，但长着鸟的脑袋、鱼一样的鳍和尾巴，叫声就像敲击磬石发出的响声，能吐出珠玉。

8 崦嵫（yān zī）：传说中的山名，在今甘肃天水一带。还有另外一个意思是太阳落下的地方。

9 符：通“柎（fū）”，花萼。

10 是好举人：这种动物喜欢把人抱着举起来。

11 蜼（wèi）：传说中的一种体型较大的长尾猴，它出现的地方会有旱灾。

12（西方经过的第四列山系）祭祀诸山山神的典礼，都是用一只白色鸡献祭，祀神的米用稻米，座席则用白茅草。

卷三　北山经

《北山经》之首，曰单狐[1]之山，多机木[2]，其上多华草[3]。滏[4]水出焉，而西流注于泑水，其中多茈石[5]、文石[6]。

又北二百五十里，曰求如之山，其上多铜，其下多玉，无草木。滑水出焉，而西流注于诸毗之水。其中多滑鱼，其状如鳝[7]，赤背，其音如梧[8]，食之已疣[9]。其中多水马，其状如马，文臂牛尾[10]，其音如呼[11]。

又北二百里，曰带山，其上多玉，其下多青碧。有兽焉，其状如马，一角有错[12]，其名曰臛疏，可以辟火。[13]有鸟焉，其状如乌，五彩而赤文，名曰鵸鵌[14]，是自为牝牡[15]，食之不疽[16]。彭水出焉，而西流注于芘湖[17]之水，其中多儵鱼[18]，其状如鸡而赤毛，三尾六足四首，其音如鹊，食之可以已忧。

注释：

1 单狐：山名，前人注称还有写作“嶧孤”的，独立的山峰叫作嶧。

2 机木：即桤（qī）木，像榆树，枝叶烧成灰可作为稻田中的肥料。

3 华草：不知具体何物。华有开花的意思。

4 滏（féng）：河流名。

5 茈（zǐ）石：紫色的石头。茈，通“紫”。

6 文石：有色彩花纹的漂亮石头。

7 鳝（shàn）：即鳝鱼、黄鳝，细长、味美。

8 其音如梧：这种鱼能发出像人支支吾吾一样的声音。梧，即“枝梧”“支吾”，人支支吾吾、语言含混的样子。

9 食之已疣（yóu）：吃了这种鱼肉，可以防治皮肤生瘊子。疣，皮肤上的赘生物，俗称瘊子。

10 文臂牛尾：有着色彩斑斓的前腿和牛一样的尾巴。臂，用在动物身上时特指前肢。

11 呼：人的呼叫声，用在动物身上即叱咤（chì zhà）。

12 一角有错：这种动物长着一只粗硬如磨刀石的角。错，通“厝”，磨刀石。

13 句意为这种野兽名称是臛（huān）疏，人饲养它避免火灾危情。臛疏，一种野兽名。

14 鵸鵌（qí yú）：鸟名，见前文《西次山经·翼望之山》，但是同名而异物。

15 自为牝（pìn）牡：亦雄亦雌，自身同时有雄雌两种性器官。

16 疽（jū）：痈疽，一种毒疮。

17 茈（pí）湖：河湖名，也有写作“茈湖”的，与本节上下文更符合。

18 鯈（tiáo）鱼：一种鱼名。前人注称还写作“儵鱼”。儵，古同“鲦”。今天指一种生长在淡水中的小白鱼，传说中的与今天所指似乎不是同一种。句意为茈（茈）湖水中有很多儵鱼，形状像一般的鸡却长着红色的羽毛，长着三条尾巴、六只脚、四只眼，它的叫声像喜鹊，吃了它的肉就能使人无忧无虑。

又北四百里，曰谯明[1]之山。谯水出焉，西流注于河。其中多何罗之鱼，一首而十身，其音如吠犬，食之已痈。有兽焉，其状如貆[2]而赤毫[3]，其音如榴榴[4]，名曰孟槐，可以御凶。是山也，无草木，多青、雄黄。

又北三百五十里，曰涿光之山。嚣水出焉，而西流注于河。其中多鳛鳛[5]之鱼，其状如鹊而十翼，鳞皆在羽端[6]，其音如鹊，可以御火，食之不瘅[7]。其上多松柏，其下多棕橿，其兽多麢[8]羊，其鸟多蕃[9]。

又北三百八十里，曰虢[10]山，其上多漆，其下多桐椐[11]。其阳多玉，其阴多铁。伊水出焉，西流注于河。其兽多橐驼[12]，其鸟多寓[13]，状如鼠而鸟翼，其音如羊，可以御兵。

又北四百里，至于虢山之尾，其上多玉而无石。鱼水出焉，西流注于河，其中多文贝[14]。

注释：

1 谯（qiáo）明：山名。

2 貆（huán）：豪猪。

3 豪：即"毫"，细毛。

4 榴榴：见前文《西山经·泰器之山》，榴即"抽"，用辘轳抽水。此处模拟声音。

5 鳛（xí）鳛：鱼名。

6 鳞皆在羽端：鳞甲长在羽翅的尖端。

7 瘅（dàn）：通"疸"，即黄疸病。

8 麢（líng）：古同"羚"，指羚羊，喜好在山间活动。

9 蕃：前文出现过多次，在这里指一种鸟，前人或有认为可能就是猫头鹰。

10 虢（guó）：山名，还有写作"虢"的。

11 桐椐（jū）：桐树和椐树。椐，又叫灵寿木，树干上多长着肿节，古人常用来制作拐杖。

12 橐（tuó）驼：即骆驼。

13 寓：可能是蝙蝠一类。

14 文贝：色彩斑斓的贝类。

又北二百里，曰丹熏之山，其上多樗柏[1]，其草多韭䪥[2]，多丹臒。熏水出焉，而西流注于棠水。有兽焉，其状如鼠，而菟首麋身[3]，其音如嗥犬[4]，以其尾飞[5]，名曰耳鼠，食之不脎[6]，又可以御百毒[7]。

又北二百八十里，曰石者之山，其上无草木，多瑶、碧[8]。泚水[9]出焉，西流注于河。有兽焉，其状如豹，而文题[10]白身，名曰孟极，是善伏[11]，其鸣自呼。

又北百一十里，曰边春之山，多葱、葵、韭、桃、李。杠水出焉，而西流注于泑泽。有兽焉，其状如禺而文身，善笑[12]，见人则卧[13]，名曰幽鴳[14]，其鸣自呼。

又北二百里，曰蔓联[15]之山，其上无草木。有兽焉，其状如禺而有鬣[16]，牛尾、文臂、马蹄，见人则呼，名曰足訾[17]，其鸣自呼。有鸟焉，群居而朋飞[18]，其毛如雌雉[19]，名曰䴔[20]，其鸣自呼，食之已风。[21]

注释：

1 樗（chū）柏：臭椿树和柏树。

2 韭䪥（xiè）：韭菜和薤菜。䪥，即“薤”，一种野菜。

3 菟（tù）首麋身：前人注称本应作“菟首麋耳”。菟，通“兔”。有着兔子的头和麋鹿的耳朵。

4 嗥（háo）犬：狗的嚎叫。嗥，嚎叫。

5 以其尾飞：凭借着尾巴可以飞起来。前人注称“尾飞”也有作“髯飞”的，即靠着长长的胡子飞。

6 脎（cǎi）：肚子肿胀的病。

7 百毒：各种毒症。百，不是具数，而是概数，多的意思。

8 瑶、碧：美玉。

9 泚（zǐ）水：古河流名，在今长沙一带。

10 文题：有花纹的额头。题，额头。

11 是善伏：这种动物喜欢隐藏起来。伏，伏身隐藏。

12 善笑：喜欢笑。

13 卧：假装睡着。

14 幽鴳（è）：本为鸟，这里是兽名。

15 蔓（màn）联：山名。

16 鬣（liè）：动物颈上的长毛。

17 足訾（zǐ）：动物名。

18 群君而朋飞：成群结队地栖息和飞行。朋，很多个一起。

19 雌雉：雌性的野鸡。

20 鵁（jiāo）：鸟名。

21 句意为山中有一种鸟，喜欢成群结队栖息、飞行，尾巴与野母鸡的尾巴相似，名字叫作鵁。它的叫声是自呼其名，吃了它的肉就能治好中风病。

又北百八十里，曰单张之山，其上无草木。有兽焉，其状如豹而长尾，人首而牛耳，一目，名曰诸犍[1]，善吒[2]，行则衔其尾，居则蟠其尾。[3]有鸟焉，其状如雉，而文首、白翼、黄足，名曰白鵺[4]，食之已嗌[5]痛，可以已痸。[6]栎水出焉，而南流注于杠水。

又北三百二十里，曰灌题之山，其上多樗柘[7]，其下多流沙，多砥[8]。有兽焉，其状如牛而白尾，其音如訆[9]，名曰那父。有鸟焉，其状如雌雉而人面，见人则跃，名曰竦斯[10]，其鸣自呼也。匠韩之水出焉，而西流注于泑泽，其中多磁石[11]。

又北二百里，曰潘侯之山，其上多松柏，其下多榛楛[12]，其阳多玉，其阴多铁。有兽焉，其状如牛，而四节生毛，名曰旄牛。边水出焉，而南流注于栎泽[13]。

注释：

1 诸犍（jiān）：犍，即犍牛。这里为一种野兽名。

2 吒（zhà）：同“咤（zhà）”，怒吼，大声吼叫。

3 句意为走动时用嘴叼着尾巴，卧下的时候喜欢盘卷起尾巴。蟠，即盘、卷。

4 白鵺（yè）：传说中的鸟，据说可以分别人的善恶。

5 嗌（yì）：咽喉，一说为“隘”，即阻滞不通。

6 句意为山里有种禽鸟，形状像普通的野鸡，却长着花色脑袋、白色翅膀和黄色的脚，它的名字叫作白鵺，人吃了它的肉就能治疗咽喉疼痛，还可以治愈疯癫之病。痸（chì），痴呆病，一说为癫痫病。

7 柘（zhè）：也叫黄桑、奴柘，落叶灌木，木质坚硬，叶子可以喂蚕，果子可以吃，树皮可以造纸。

8 砥：可以用来做磨刀石的石头，质地较粗。

9 訆（jiào）：同“叫”，大声鸣叫。

10 竦（sǒng）斯：这里为鸟叫声、鸟名。

11 磁石：也叫慈石、吸铁石，一种天然矿石，有吸附金属类物质的性质。

12 榛楛（zhēn hù）：榛树和楛树，泛指丛生的杂草。

13 栎（lì）泽：这里为河流名。

又北二百三十里，曰小咸之山，无草木，冬夏有雪。

北二百八十里，曰大咸之山，无草木，其下多玉。是山也，四方，不可以上。有蛇名曰长蛇[1]，其毛如彘豪[2]，其音如鼓柝[3]。

又北三百二十里，曰敦薨[4]之山，其上多棕、楠，其下多茈草。敦薨之水出焉，而西流注于泑泽。出于昆仑之东北隅[5]，实惟河源[6]。其中多赤鲑[7]。其兽多兕[8]、旄牛，其鸟多尸鸠。

又北二百里，曰少咸之山，无草木，多青碧。有兽焉，其状如牛，而赤身、人面、马足，名曰窫窳[9]，其音如婴儿，是食人。敦水出焉，东流注于雁门之水，其中多𩶧𩶧之鱼[10]，食之杀人。

注释：

1 长蛇：传说中极长的蛇，能将大象之类动物吞入腹中，可能是指蟒蛇。

2 彘（zhì）豪：猪的毛。豪，即"毫"，细毛。

3 鼓柝（tuò）：鼓，敲打。柝，古代巡夜时敲打的木梆子。句意为就像敲打木柝的声音。

4 敦薨（hōng）：山名，以下有同名河流。

5 隅（yú）：角落。

6 实惟河源：这就是黄河的源头。实，古文中用在句首表示强调说明，可作"这就是"讲。

7 鲑（guī）：即河豚。

8 兕（sì）：雌性犀牛。

9 窫窳（yà yǔ）：《尔雅》作"猰貐"，传说曾经是天神，被杀之后变成了猛兽。

10 𩶧（bèi）𩶧之鱼：即河豚，黑色，大小如猪，有毒，不可食用。

又北二百里，曰狱法之山。瀤泽[1]之出焉，而东北流注于泰泽。其中多鱳鱼[2]，其状如鲤而鸡足，食之已疣。[3]有兽焉，其状如犬而人面，善投，见人则笑，其名山𤟤[4]，其行如风，见则天下大风。[5]

又北二百里，曰北岳之山，多枳棘刚木[6]。有兽焉，其状如牛，而四角、人目、彘耳，其名曰诸怀，其音如鸣雁，是食人。诸怀之水出焉，而西流注于嚣水，其中多鮨鱼[7]，鱼身而犬首，其音如婴儿，食之已狂。[8]

又北百八十里，曰浑夕之山，无草木，多铜玉。嚣水出焉，而西北流注于海。有蛇一首两身四足，名曰肥遗，见则其国大旱。[9]

又北五十里，曰北单之山，无草木，多葱韭。

又北百里，曰罴差之山[10]，无草木，多马[11]。

注释：

1 瀤（huái）泽：河流名。

2 鱳（zǎo）鱼：传说中的鱼名。

3 句意为这种鱼就像鲤鱼，却有着鸡的爪子，吃了它的肉可以治疗皮肤疣病。疣（yóu），皮肤上的病变肿状颗粒。

4 山狎（huī）：野兽名。

5 句意为这种野兽有着狗一样的身子和人的脸，喜欢扔东西，见到人就嬉笑，跑起来像一阵风，它出现的地方就会刮大风。

6 枳棘刚木：枳树、酸枣树和一些木质坚硬的树。枳，似橘树，果实小而酸涩。棘，野枣树，矮小有刺，结小酸枣。刚木，木质坚硬的树，如檀木、柘树之类。

7 鮨（yì）鱼：传说中的鱼名。

8 本句意为这种鱼有着鱼身和狗头，叫声就像婴儿，吃了它的肉可以治疗疯病。狂，本义指狗发疯，后引申指人的精神错乱、行为失常。

9 古时渭水一带有种像大蛇的动物，可以把水吸干，一个头却有两个身子，叫它的名字，它就会帮人捕获鱼鳖之类的小生物。这里的动物与此相像。

10 罴（pí）差之山：山名。罴，是一种像熊的动物。

11 马：这里不是指今天通称的马，而是一种野马，体型较小。以下几处同。

又北百八十里，曰北鲜之山，是多马。鲜水出焉，而西北流注于涂吾之水。

又北百七十里，曰隄山[1]，多马。有兽焉，其状如豹而文首，名曰狕[2]。隄水出焉，而东流注于泰泽，其中多龙龟[3]。

凡《北山经》之首，自单狐之山至于隄山，凡二十五山，五千四百九十里，其神皆人面蛇身。其祠之：毛用一雄鸡、彘瘗，吉玉用一珪，瘗而不糈。[4]其山北人，皆生食不火之物。[5]

注释：

1 隄山：此处为山名。

2 狕（yǎo）：野兽名，像豹子而头上有花纹。

3 龙龟：龙、龟或分指，或合指一物。合指一物即是指龙种龟身，所以叫龙龟。

4 往北经行的第一系列山，从单狐山起至隄山终，一种二十五座，绵延五千四百九十里，山神都是人面蛇身。祭祀典礼用：一只雄鸡、一只猪埋于地下，祥玉用珪，不用米之类的。

5 那里是北方的人，都吃生的而不用火做熟的食物。前人注称还写作“皆生食而不火”。

《北次二经》之首，在河之东，其首枕汾[1]，其名曰管涔之山[2]。其上无木而多草，其下多玉。汾水出焉，而西流注于河。

又北二百五十里，曰少阳之山，其上多玉，其下多赤银[3]。酸水[4]出焉，而东流注于汾水，其中多美赭[5]。

又北五十里，曰县雍之山[6]，其上多玉，其下多铜，其兽多闾[7]麋，其鸟多白翟白鸫[8]。晋水出焉，而东南流注于汾水。其中多鮆鱼，其状如儵[9]而赤麟[10]，其音如叱[11]，食之不骄。[12]

又北二百里，曰狐岐之山，无草木，多青碧。胜水出焉，而东北流注于汾水，其中多苍玉。

又北三百五十里，曰白沙山，广员三百里，尽沙也，无草木鸟兽。鲔水[13]出于其上，潜于其下，是多白玉。

注释：

1 枕汾：靠着汾水的源头。枕，头部靠着。汾，汾水，河流名，在今山西境内。

2 管涔（cén）之山：涔，水名。此山与涔水有关。

3 赤银：纯度较高的银子。赤，精纯。

4 酸水：河流名。

5 美赭（zhě）：色彩花纹漂亮的赭石。

6 县雍之山：县，通“悬”。即悬瓮山，在今山西境内。

7 闾（lǘ）：又称“羭（yú）”，像驴而蹄子歧分，角像羚羊，又叫山驴。

8 白鸫（yòu）：一种鸟，又叫白鷮（zhuó）、白翰。

9 儵（tiáo）：传说中的鱼名，这里指小鱼。

10 麟：通“鳞”，鳞甲。

11 叱（chì）：大声呵斥。

12 句意为汾水中很多鮆鱼，长得像儵，鳞甲却是红色的，能发出像人的呵斥声一样的声音，吃了它的肉能治好狐臭。骄，前人注称当作“骚”，即狐臭，人的腋窝下散发出的奇怪味道。

［日本］佚名《怪奇鸟兽图卷》（局部）

［日本］佚名《怪奇鸟兽图卷》（局部）

13 鲔（wěi）水：鲔本指鲟鱼，这里指河流名。

又北四百里，曰尔是之山，无草木，无水。

又北三百八十里，曰狂山，无草木。是山也，冬夏有雪。狂水出焉，而西流注于浮水，其中多美玉。

又北三百八十里，曰诸余之山，其上多铜玉，其下多松柏。诸余之水出焉，而东流注于旄水。

又北三百五十里，曰敦头之山，其上多金玉，无草木。旄水出焉，而东流注于印泽[1]。其中多骍马[2]，牛尾而白身，一角，其音如呼。

又北三百五十里，曰钩吾之山，其上多玉，其下多铜。有兽焉，其状如羊身人面，其目在腋下，虎齿人爪，其音如婴儿，名曰狍鸮[3]，是食人。

又北三百里，曰北嚣之山，无石，其阳多碧，其阴多玉。有兽焉，其状如虎，而白身犬首，马尾彘鬣[4]，名曰独狢[5]。有鸟焉，其状如乌，人面，名曰鷩鶥[6]，宵飞而昼伏，食之已暍。[7]涔水出焉，而东流注于邛泽。

注释：

1 印泽：结合上下文，前人注称本应作“邛（qióng）泽”。

2 骍（bó）马：传说中的一种马类动物，有着牛的尾巴和白色身子，独角，叫声就像人的呼唤声。

3 狍鸮（páo xiāo）：传说中的怪兽名。

4 马尾彘鬣：马的尾巴和猪脖子上的硬毛。

5 独狢（yù）：传说中的猛兽名。

6 鷩鶥（pán mào）：传说中的鸟名。

7句意为这种鸟昼伏夜出，吃了它的肉可以防治中暑。暍（yē），中暑之类的热病。

又北三百五十里，曰梁渠之山，无草木，多金玉。修水出焉，而东流注于雁门。其兽多居暨[1]，其状如彙[2]而赤毛，其音如豚。有鸟焉，其状如夸父[3]，四翼、一目、犬尾，名曰嚻，其音如鹊，食之已腹痛，可以止衕[4]。

又北四百里，曰姑灌之山，无草木。是山也，冬夏有雪。

又北三百八十里，曰湖灌之山，其阳多玉，其阴多碧、多马。湖灌之水出焉，而东流注于海，其中多䱇[5]。有木焉，其叶如柳而赤理。

又北水行五百里，流沙三百里，至于洹山[6]，其上多金玉。三桑生之，其树皆无枝，其高百仞[7]，百果树生之。其下多怪蛇。

又北三百里，曰敦题之山，无草木，多金玉。是錞[8]于北海。

凡《北次二经》之首，自管涔之山至于敦题之山，凡十七山，五千六百九十里。其神皆蛇身人面。其祠：毛用一雄鸡、彘瘗；用一璧一珪，投而不糈。[9]

注释：

1 居暨（jì）：传说中的野兽名。

2 彙（huì）：据古人讲这种动物像老鼠，有着刺猬一样的却是红色的毛，发出的声音就像猪叫。

3 夸父：前人注称当作"举父"，一种长得像猕猴的野兽。

4 衕（dòng）：腹泻。

5 䱇（shàn）：同"鳝"，鳝鱼、黄鳝。

6 洹（huán）山：山名，此山名可能与叫洹的水名有关。

7 百仞（rèn）：百为概数，极言多。仞，古时计量单位，八尺为一仞。

8 錞（chún）：清人汪绂认为“錞”当为“蹲”字假音。据此，则“錞”有蹲踞之意。

9 祭祀山神所需：把一只公鸡、一头猪一起埋入地下，在祀神的玉器中用一块玉璧和一块玉珪，一起投向山中而不用米。

《北次三经》之首，曰太行之山。其首曰归山，其上有金玉，其下有碧。有兽焉，其状如麢羊[1]而四角，马尾而有距[2]，其名曰驔[3]，善还[4]，其名自訆[5]。有鸟焉，其状如鹊，白身、赤尾、六足，其名曰鷾[6]，是善惊[7]，其鸣自詨[8]。

又东北二百里，曰龙侯之山，无草木，多金玉。决决之水[9]出焉，而东流注于河。其中多人鱼，其状如鯑鱼[10]，四足，其音如婴儿，食之无痴疾[11]。

又东北二百里，曰马成之山，其上多文石，其阴多金玉。有兽焉，其状如白犬而黑头，见人则飞，其名曰天马，其鸣自訆。有鸟焉，其状如乌，首白而身青、足黄，是名曰鶌鶋[12]，其鸣自詨，食之不饥，可以已寓[13]。

又东北七十里，曰咸山，其上有玉，其下多铜，是多松柏，草多茈草。条菅之水出焉，而西南流注于长泽。其中多器酸[14]，三岁一成，食之已疠。

注释：

1 麢（líng）羊：即羚羊。

2 马尾而有距：有着马的尾巴和鸡一样的爪子。距，雄鸡等的腿的后面突出像脚趾的部分，这里指鸡爪子。

3 驔（hún）：兽名。

4 还（xuán）：通“旋”，旋转。

5 訆（jiào）：即“叫”，以下“詨”同。

6 鶝（fén）：传说中的鸟。

7 惊：警觉。

8 其鸣自詨（jiào）：它的名字读音就是它的叫声。

9 泱泱之水：即泱水，河流名。

10 鮷（tí）鱼：即鲵，人鱼，下文《中山经》将再次提到。

11 痴疾：头脑不清醒、疯癫的疾病。

12 鴝鵒（qū jū）：传说中的鸟名。

13 寓：清人郝懿行认为是老年痴呆症，王引之以为是疣，一种皮肤病。

14 器酸：一种可以吃的有酸味的东西，据说是因为水凝滞不流动而产生了酸味物质。

又东北二百里，曰天池之山，其上无草木，多文石。有兽焉，其状如兔而鼠首，以其背飞[1]，其名曰飞鼠。渑水[2]出焉，潜于其下，其中多黄垩。

又东三百里，曰阳山，其上多玉，其下多金铜。有兽焉，其状如牛而赤尾，其颈腎[3]，其状如句瞿[4]，其名曰领胡，其鸣自詨，食之已狂[5]。有鸟焉，其状如雌雉，而五采以文，是自为牝牡，名曰象蛇，其鸣自詨。留水出焉，而南流注于河。其中有䱗父之鱼[6]，其状如鲋鱼，鱼首而彘身，食之已呕。[7]

又东三百五十里，曰贲闻之山，其上多苍玉，其下多黄垩，多涅石[8]。

又北百里，曰王屋之山，是多石。𣶃水[9]出焉，而西北流于泰泽。

又东北三百里，曰教山，其上多玉而无石。教水出焉，西流注于河，是水冬干而夏流，实惟干河[10]。其中有两山，是山也，广员三百步，其名曰发丸之山，其上有金玉。

注释：

1 以其背飞：凭借背上的毛飞起来。

2 渑（shéng）水：河流名。

3 肾（shèn）：肉瘤。

4 句瞿（gōu qú）：即斗，用来盛放物体的一种容器。后一句提到这种动物名叫“领胡”，它的脖子上长着垂下来像斗一样的肉瘤。

5 狂：疯癫。

6 鮨（xiàn）父之鱼：传说中的鱼名。

7 句意为这种鱼长得像鲋鱼，长着鱼的头却有着猪一样的身子，吃了它的肉可以治愈呕吐。

8 涅（niè）石：一种可以用来制作黑色染料的石头。

9 溓（lián）水：河流名。

10 干河：没有了水的河流。

又南三百里，曰景山，南望盐贩之泽[1]，北望少泽。其上多草、藷藇[2]，其草多秦椒[3]，其阴多赭，其阳多玉。有鸟焉，其状如蛇，而四翼、六目、三足，名曰酸与，其鸣自詨，见则其邑有恐[4]。

又东南三百二十里，曰孟门之山，其上多苍玉，多金，其下多黄垩[5]，多涅石。

又东南三百二十里，曰平山。平水出于其上，潜于其下，是多美玉。

又东二百里，曰京山，有美玉，多漆木，多竹，其阳有赤铜，其阴有玄礵[6]。高水出焉，南流注于河。

又东二百里，曰虫尾之山，其上多金玉，其下多竹，多青碧。丹水出焉，南流注于河。薄水出焉，而东南流注于黄泽。

又东三百里，曰彭毗[7]之山，其上无草木，多金玉，其下多水。蚤林之水出焉，东南流注于河。肥水出焉，而南流注于床水，其中多肥遗之蛇。

又东百八十里，曰小侯之山。明漳之水出焉，南流注于黄泽。有鸟焉，其状如乌而白文，名曰鸪鸐[8]，食之不㵐[9]。

注释：

1 盐贩之泽：即盐池，在今宁夏回族自治区境内。

2 藷藇（shǔ yù）：即山药，叶子像羊蹄，块茎可以食用。

3 秦椒：一种草，叶子细长，所结果实像花椒。

4 有恐：发生使人惊恐的事情。

5 黄垩：黄色的垩土。

6 玄礵（sù）：黑色的磨刀石。

7 彭毗（pí）：山名

8 鸪鸐（gū xí）：传说中的鸟。

9 㵐（jiào）：眼目昏蒙。

又东三百七十里，曰泰头之山。共水出焉，南注于虖沱[1]。其上多金玉，其下多竹箭。

又东北二百里，曰轩辕之山，其上多铜，其下多竹。有鸟焉，其状如枭而白首，其名曰黄鸟，其鸣自詨，食之不妒[2]。

又北二百里，曰谒戾[3]之山，其上多松柏，有金玉。沁水出焉，南流注于河。其东有林焉，名曰丹林。丹林之水出焉，南流注于河。婴侯之水出焉，北流注于氾水。

东三百里，曰沮洳[4]之山，无草木，有金玉。濝水[5]出焉，南流注于河。

又北三百里，曰神囷[6]之山，其上有文石，其下有白蛇，有飞虫。黄水出焉，而东流注于洹[7]。滏水出焉，而东流注于欧水。

又北二百里，曰发鸠之山，其上多柘木。有鸟焉，其状如乌，文首、白喙、赤足，名曰精卫，其鸣自詨。是炎帝之少女[8]，名曰女娃。女娃游于东海，溺而不返，故为精卫，常衔西山之木石，以堙[9]于东海。漳水出焉，东流注于河。

又东北百二十里，曰少山，其上有金玉，其下有铜。清漳之水出焉，东流于浊漳之水。

又东北二百里，曰锡山，其上多玉，其下有砥[10]。牛首之水出焉，而东流注于滏水[11]。

又北二百里，曰景山，有美玉。景水出焉，东南流注于海泽。

注释：

1 虖沱（hū tuó）：即滹沱河。

2 妒：即嫉妒心。

3 谒戾（yè lì）：传说中的山名。

4 沮洳（jù rù）：低湿之地。

5 濝（qí）水：河流名。

6 神囷（qūn）：本义为圆形的谷仓，此处为山名。

7 洹（huán）：河流名。

8 少女：小女儿。

9 堙（yīn）：填塞。

10 砥：磨刀石。

11 滏（fǔ）水：河流名，即今滏阳河，在今河北省境内。

又北百里，曰题首之山，有玉焉，多石，无水。

又北百里，曰绣山，其上有玉、青碧，其木多栒[1]，其草多芍药、芎䓖[2]。洧水[3]出焉，而东流注于河，其中有鳠[4]、黾[5]。

又北百二十里，曰松山。阳水出焉，东北流注于河。

又北百二十里，曰敦与之山，其上无草木，有金玉。溹水[6]出于其阳，而东流注于泰陆之水；泜水[7]出于其阴，而东流注于彭水；槐水出焉，而东流注泜泽。

又北百七十里，曰柘山，其阳有金玉，其阴有铁。历聚之水出焉，而北流注于洧水。

又北三百里，曰维龙之山，其上有碧玉，其阳有金，其阴有铁。肥水出焉，而东流注于皋泽，其中多礨石[8]。敞铁之水出焉，而北流注于大泽。

又北百八十里，曰白马之山，其阳多石玉，其阴多铁，多赤铜。木马之水出焉，而东北流注于虖沱。

又北二百里，曰空桑之山，无草木，冬夏有雪。空桑之水出焉，东流注于虖沱。

又北三百里，曰泰戏之山，无草木，多金玉。有兽焉，其状如羊，一角一目，目在耳后，其名曰辣辣[9]，其鸣自訆。虖沱之水出焉，而东流注于溇水[10]。液女之水出于其阳，南流注于沁水。

又北三百里，曰石山，多藏金玉。濩濩[11]之水出焉，而东流注于虖沱；鲜于之水出焉，而南流注于虖沱。

又北二百里，曰童戎之山。皋涂之水出焉，而东流注于溇液水。

注释：

1 栒（xún）：栒树，古人常用其树干来做拐杖。

2 芎䓖（xiōng qióng）：又叫辛夷，一种有香味的植物，可入药，前文《西山经》已提到。

3 洧（wěi）水：河流名。

4 鳠（hù）：一种鱼，像鲇鱼却比鲇鱼大，白色。

5 黾（měng）：一种蛙。

6 溹（suò）水：河流名。

7 泜（zhī）水：河流名，也叫槐水，在今河北省境内。

8 礨（lěi）石：本义为高出的小土堆。此处指河道中的大石头高出水面许多，显得突兀。

9 𫏋𫏋（dōng）：兽名，传说中这种动物像羊，却只有一只角一只眼，且眼长在耳后，它的名字就是模仿它的叫声。

10 溇（lóu）水：河流名，在今湖南省境内。

11 濩濩（huò）：本义为水势浩大，这里为河流名。

又北三百里，曰高是之山。滋水[1]出焉，而南流注于虖沱。其木多棕，其草多条[2]。滱水[3]出焉，东流注于河。

又北三百里，曰陆山，多美玉。郑水[4]出焉，而东流注于河。

又北二百里，曰沂山[5]。般水出焉，而东流注于河。

北百二十里，曰燕山，多婴石[6]。燕水出焉，东流注于河。

又北山行五百里，水行五百里，至于饶山。是无草木，多瑶、碧，其兽多橐驼，其鸟多鹠[7]。历虢之水出焉，而东流注于河，其中有师鱼[8]，食之杀人。

又北四百里，曰干山[9]，无草木，其阳有金玉，其阴有铁，而无水。有兽焉，其状如牛而三足，其名曰獂[10]，其鸣自詨。

注释：

1 滋水：河流名。

2 条：一种草，今天有灰条草。

3 滱（kòu）水：河流名，在今河北省境内。

4 鄞（jiāng）水：传说中的河流名。前人注称还写作“郯（tán）”。

5 沂（yí）山：山名。

6 婴石：像玉一样有彩色花纹的石头。婴，缠绕。

7 鹠（liú）：即鸺（xiū）鹠，猫头鹰之类的鸟。

8 师鱼：即前文提到的鲵，有毒。

9 干（gān）山：山名。

10 獂（huán）：又作“豲”，野兽名。

又北五百里，曰伦山。伦水出焉，而东流注于河。有兽焉，其状如麋，其川在尾上[1]，其名曰罴九。

又北五百里，曰碣石之山。绳水出焉，而东流注于河，其中多蒲夷之鱼[2]。其上有玉，其下多青碧。

又北水行五百里[3]，至于雁门之山，无草木。

又北水行四百里，至于泰泽。其中有山焉，曰帝都之山，广员百里，无草木，有金玉。

又北五百里，曰錞于毋逢之山，北望鸡号之山，其风如飚[4]。西望幽都之山，浴水出焉。是有大蛇，赤首白身，其音如牛，见则其邑大旱。

凡《北次三经》之首，自太行之山以至于无逢之山[5]，凡四十六山，万二千三百五十里。其神状皆马身而人面者廿神[6]，其祠之：皆用一藻茝[7]瘗之。其十四神状皆彘身而载玉[8]，其祠之：皆玉，不瘗。其十神状皆彘身而八足蛇尾，其祠之：皆用一璧瘗之。大凡四十四神，皆用稌糈米祠之。此皆不火食。[9]

右《北经》之山志，凡八十七山，二万三千二百三十里。

注释：

1 其川在尾上：它的肛门长在尾巴上。川，前人注称应作“州”，即窍，指人体的耳目口鼻和前阴后阴。

2 蒲夷之鱼：一种鱼，具体未知，可能就是前文《西山经》中提到的冉遗之鱼。

3 水行五百里：穿行五百里水路。

4 飅（lì）：风大而迅疾。

5 无逢之山：即上文提到的錞于毋逢之山。

6 这里是说其中马身人面的神一共有二十个。廿（niàn），二十。

7 藻茝（chǎi）：聚藻和茝两种香草。藻，聚藻。茝，一种香草，兰属。前人注称或认为是“藻珪”的误写。

8 彘身而载玉：长着猪的身子，却佩戴着玉饰。载，同“戴”，披挂。

9 句意为所有这四十四个山神，都要用精米来祭祀。祭祀所用事物都不用火加工，生食。

卷四　东山经

《东山经》之首，曰樕螽[1]之山，北临乾昧[2]。食水出焉，而东北流注于海。其中多鳙鳙[3]之鱼，其状如犂牛[4]，其音如彘鸣。

又南三百里，曰藟山[5]，其上有玉，其下有金。湖水出焉，东流注于食水，其中多活师[6]。

又南三百里，曰栒状[7]之山，其上多金玉，其下多青碧石。有兽焉，其状如犬，六足，其名曰从从，其鸣自詨。有鸟焉，其状如鸡而鼠毛，其名曰蚩鼠[8]，见则其邑大旱。沢水[9]出焉，而北流注于湖水。其中多箴鱼[10]，其状如儵[11]，其喙如箴，食之无疫疾。

又南三百里，曰勃亝[12]之山，无草木，无水。

注释：

1 樕螽（sù zhū）：传说中的山名。

2 乾昧：传说中的山名。

3 鳙鳙（yōng）：传说中的鱼名，像牛，叫声却像猪。

4 犂牛：一种牛，长着像老虎一样的花纹。

5 藟（lěi）山：山名。

6 活师：即蝌蚪，古文中还有叫作“活东”的。

7 栒（xún）状：山名。

8 蚩（zī）鼠：传说中的鸟名，形状有些像老鼠。

9 沢（zhǐ）水：河流名。

10 箴（zhēn）鱼：传说中的鱼，因细长而得此名。箴，同“针”。

11 儵（tiáo）：即儵鱼，一种细长的小白鱼。前文已出现。

12 𤉡丠（qí）：山名。丠即古“齐”字。

又南三百里，曰番条之山，无草木，多沙。減水[1]出焉，北流注于海，其中多鳡鱼[2]。又南四百里，曰姑兒之山，其上多漆，其下多桑、柘。姑兒之水出焉，北流注于海，其中多鳡鱼。

又南四百里，曰高氏之山，其上多玉，其下多箴石[3]。诸绳之水出焉，东流注于泽，其中多金玉。

又南三百里，曰岳山，其上多桑，其下多樗。泺水[4]出焉，东流注于泽，其中多金玉。

又南三百里，曰犲山[5]，其上无草木，其下多水，其中多堪孖[6]之鱼。有兽焉，其状如夸父[7]而彘毛，其音如呼，见则天下大水。

又南三百里，曰独山，其上多金玉，其下多美石。末涂之水出焉，而东南流注于沔[8]，其中多偹蟰[9]，其状如黄蛇，鱼翼，出入有光，见则其邑大旱。

又南三百里，曰泰山，其上多玉，其下多金。有兽焉，其状如豚而有珠，名曰狪狪[10]，其鸣自訆。环水出焉，东流注于江[11]，其中多水玉[12]。

又南三百里，曰竹山，錞[13]于江，无草木，多瑶、碧。激水出焉，而东南流注于娶檀之水，其中多茈羸[14]。

凡《东山经》之首，自樕𧑒之山以至于竹山，凡十二山，三千六百里。其神状皆人身龙首。祠：毛用一犬祈，聃用鱼[15]。

注释：

1 減（jiǎn）水：古河流名。

2 鳡（gǎn）鱼：传说中的鱼，有着黄色的鳃，又名黄钻、竿鱼。性凶猛，捕食各种小鱼。

3 箴（zhēn）石：专用来磨制石针的石头。箴，同“针”。石针为古时医疗用具，以其穿刺，可排毒、治疗痈疽类皮肤病。

4 泺（luò）水：河流名。

5 犲（chái）山：传说中的山名。犲，同“豺”。

6 堪㐨（xù）：传说中的鱼名。

7 夸父：本为传说中的人物，有“夸父逐日”的故事。此处当指其形状，类猿猴。

8 沔（miǎn）：河流名，在前文多次提到。

9 鯈蠵（tiáo róng）：传说中的动物，像蛇却有着鱼的翅膀，出入水中时会闪闪发光。

10 狪狪（tóng）：传说中的野兽名。

11 江：长江。前人注称也有写作“汶”或“海”的。

12 水玉：水晶石。

13 镈：通“蹲”，坐落。本句中“江”字前人注称也有写作“涯”的。

14 茈蠃：紫螺，紫色的螺类。蠃，本作“蠃”。

15 聏（èr）用鱼：用鱼血涂在器物上来祭祀神。

《东次二经》之首，曰空桑之山，北临食水，东望沮吴[1]，南望沙陵，西望湣泽[2]。有兽焉，其状如牛而虎文，其音如钦[3]，其名曰軨軨[4]，其鸣自叫，见则天下大水。

又南六百里，曰曹夕之山，其下多榖，而无水，多鸟兽。

又西南四百里，曰峄皋[5]之山，其上多金玉，其下多白垩。峄皋之水出焉，东流注于激女[6]之水，其中多蜃珧[7]。

又南水行五百里，流沙三百里，至于葛山之尾，无草木，多砥砺。

又南三百八十里，曰葛山之首，无草木。澧水出焉，东流注于余泽，其中多珠鳖鱼[8]，其状如肺而有目[9]、六足，有珠，其味酸甘，食之无疠[10]。

注释：

1 沮（jū）吴：传说中的河流名。

2 滑（mǐn）泽：古河流名。

3 钦：又作“吟”，人的呻吟声。

4 軨軨（líng）：传说中的野兽名。

5 峄皋（yì gāo）：传说中的山名。

6 激女：河流名，前人注称当作“激汝”。

7 蜃珧（shèn yáo）：蚌类。蜃的体型较大、扇状，珧体型较小，壳上有环状花纹。

8 珠鳖（biē）鱼：传说中的鱼名，前人注称有作“朱鳖”的。

9 有目：前人注称当作“四目”，即有四只眼睛。

10 疠：瘟疫。

又南三百八十里，曰余峨之山，其上多梓楠[1]，其下多荆芑[2]。杂余之水出焉，东流注于黄水。有兽焉，其状如菟[3]而鸟喙，鸱[4]目蛇尾，见人则眠[5]，名曰犰狳[6]，其鸣自訆，见则螽蝗为败[7]。

又南三百里，曰杜父之山，无草木，多水。

又南三百里，曰耿山，无草木，多水碧[8]，多大蛇。有兽焉，其状如狐而鱼翼，其名曰朱獳[9]，其鸣自訆，见则其国有恐[10]。

又南三百里，曰卢其之山，无草木，多沙石。沙水出焉，南流注于涔水，其中多鵹鹕[11]，其状如鸳鸯而人足，共鸣自訆，见则其国多土功。

又南三百八十里，曰姑射[12]之山，无草木，多水。

又南水行三百里，流沙百里，曰北姑射之山，无草木，多石。

又南三百里，曰南姑射之山，无草木，多水。

又南三百里，曰碧山，无草木，多大蛇，多碧、水玉。

注释：

1 梓楠（zǐ nán）：梓树和楠树。

2 荆芑（qǐ）：沙枣树和枸杞树。芑，通“杞”。

3 菟（tù）：通“兔”，兔子。

4 鸱（chī）：鸱鹰，一种较凶猛的鸟。

5 眠：装睡着的样子，装死。

6 犰狳（qiú yú）：传说中的动物名。

7 见则螽（zhōng）蝗为败：当螽蝗这种动物出现的时候，就会有蝗虫灾害。螽蝗，蝗虫。败，破坏。

8 水碧：即前文提到的水玉，水晶石。

9 朱獳（rú）：传说中的兽名。

10 恐：令人害怕、恐怖的事情。

11 鵹鶘（lí hú）：传说中的鸟名。

12 姑射（yè）：传说中的神山。以下“姑射”同。

又南五百里，曰缑氏[1]之山，无草木，多金玉。原水出焉，东流注于沙泽。

又南三百里，曰姑逢之山，无草木，多金玉。有兽焉，其状如狐而有翼，其音如鸿雁，其名曰獙獙[2]，见则天下大旱。

又南五百里，曰凫丽[3]之山，其上多金玉，其下多箴石。有兽焉，其状如狐，而九尾、九首、虎爪，名曰蠪姪[4]，其音如婴儿，是食人。

又南五百里，曰䃌山[5]，南临䃌水，东望湖泽。有兽焉，其状如马，而羊目、四角、牛尾，其音如獆狗，其名曰峳峳[6]，见则其国多狡客[7]。有鸟焉，其状如凫[8]而鼠尾，善登木[9]，其名曰絜钩[10]，见则其国多疫。

凡《东次二经》之首，自空桑之山至于䃌山，凡十七山，六千六百四十里。其神状皆兽身人面载觡[11]。其祠：毛用一鸡祈，婴用一璧瘗。[12]

注释：

1 缑（gōu）氏：传说中的神山，可能在今河北省境内，传说王子乔在此山修道成仙。

2 獙獙（bì）：传说中的动物名。

3 凫（fú）丽：山名。

4 蠪蛭（lóng zhí）：传说中的动物名。

5 䃌（yīn）山：传说中的山名。

6 峳峳（yóu）：传说中的兽名。

7 狡客：狡猾的政客。客，玩弄权术的人。

8 凫：野鸭。

9 登木：爬树。

10 絜钩（xié gōu）：传说中的鸟名。

11 载觡（gé）：长着鹿一样的角。载，通“戴”，此处意为长着。觡，麋鹿之类动物的角。

12 本句意为祭祀这些神，要用毛物涂上鸡血来祭祀，埋到地下的玉用璧。婴，古代用玉祭祀神的专称。

又《东次三经》之首，曰尸胡之山，北望殚山[1]，其上多金玉，其下多棘。有兽焉，其状如麇而鱼目，名曰婴胡[2]，其鸣自訆。

又南水行八百里，曰岐山，其木多桃李，其兽多虎。

又南水行五百里，曰诸钩[3]之山，无草木，多沙石。是山也，广员百里，多寐鱼[4]。

又南水行七百里，曰中父之山，无草木，多沙。

又东水行千里，曰胡射[5]之山，无草木，多沙石。

又南水行七百里，曰孟子之山，其木多梓桐，多桃李，其草多菌蒲[6]，其兽多麋、鹿。是山也，广员百里。其上有水出焉，名曰碧阳，其中多鳣鲔[7]。

又南水行五百里，曰流沙，行五百里，有山焉，曰跂踵[8]之山，广员二百里，无草木，有大蛇，其上多玉。有水焉，广员四十里皆涌，其名曰深泽，其中多蠵龟[9]。有鱼焉，其状如鲤，而六足鸟尾，名曰鮯鮯[10]之鱼，其名自叫。

注释：

1 𫟍（xiáng）山：传说中的山名。

2 婴（yuàn）胡：传说中的野兽名。

3 诸钩：山名。

4 寐（mèi）鱼：即鮇（wèi）鱼，又叫嘉鱼。

5 胡射（yè）：传说中的山名。

6 菌蒲（jùn pú）：两种野菜，紫菜、地衣、海带之类的。

7 鲔（wěi）：即白鲟，像鳝鱼却有着长鼻子。

8 跂踵（qǐ zhǒng）：本义为脚趾和脚后跟，此处为山名。

9 蠵（xī）龟：一种比较大的乌龟，壳上有花纹图案，像玳瑁而更薄一些。

10 鮯鮯（gé）：传说中的鱼名。

又南水行九百里，曰踇隅[1]之山，其上多草木，多金玉，多赭。有兽焉，其状如牛而马尾，名曰精精，其鸣自叫。

又南水行五百里，流沙三百里，至于无皋之山，南望幼海[2]，东望榑木[3]，无草木，多风。是山也，广员百里。

凡《东次三经》之首，自尸胡之山至于无皋之山，凡九山，六千九百里。其神状皆人身而羊角。其祠：用一牡羊，米用黍。[4]是神也，见则风雨水为败。[5]

注释：

1 踇隅（mǔ yú）：传说中的山名，前人注称也有写作"踇偶"的。

2 幼海：即少海，传说中的海名。

3 榑（fú）木：即扶桑，传说中的神树，很高大，太阳从这里升起。

4 句意为祭祀这座山神，用一只公羊，米用有黏性的黄米。牡羊，公羊。

5 句意为这些山神出现的时候，就会风不调雨不顺，会有水灾祸害庄稼。

又《东次四经》之首，曰北号之山，临于北海。有木焉，其状如杨，赤华[1]，其实如枣而无核，其味酸甘[2]，食之不疟[3]。食水出焉，而东北流注于海。有兽焉，其状如狼，赤首鼠目，其音如豚，名曰猲狙[4]，是食人。有鸟焉，其状如鸡而白首，鼠足而虎爪，其名曰鬿雀[5]，亦食人。

又南三百里，曰旄山，无草木。苍体之水出焉，而西流注于展水，其中多鱃[6]鱼，其状如鲤而大首，食者不疣[7]。

又南三百二十里，曰东始之山，上多苍玉。有木焉，其状如杨而赤理，其汁如血，不实，其名曰芑[8]，可以服马。泚水出焉，而东北流注于海，其中多美贝，多茈鱼，其状如鲋[9]，一首而十身，其臭[10]如蘼芜，食之不糟[11]。

又东南三百里，曰女烝[12]之山，其上无草木。石膏水出焉，而西注于鬲水[13]，其中多薄鱼，其状如鳣鱼而一目，其音如欧[14]，见则天下大旱。

注释：

1 赤华：红色的花。

2 酸甘：酸中带甜。

3 疟：疟疾。

4 猲狙（gé jū）：前人注称本应作“獦狚”。传说中的兽名。

5 鬿（qí）雀：传说中的怪鸟，会吃人。

6 鳝（qiū）：泥鳅。

7 疣：一种皮肤病，小肉瘤。

8 芑（qǐ）：通“杞”，树名。

9 鲋（fù）：即鲫鱼。

10 臭（xiù）：味道。

11 糟：同“屁”。

12 女烝（zhēng）：传说中的山名。

13 鬲（gé）水：传说中的河流名。

14 欧：同“呕”，呕吐。

又东南二百里，曰钦山，多金玉而无石。师水出焉，而北流注于皋泽，其中多鳝鱼，多文贝。有兽焉，其状如豚而有牙[1]，其名曰当康，其鸣自叫，见则天下大穰[2]。

又东南二百里，曰子桐之山。子桐之水出焉，而西流注于余如之泽。其中多䱻鱼[3]，其状如鱼而鸟翼，出入有光，其音如鸳鸯，见则天下大旱。

又东北二百里，曰剡山[4]，多金玉。有兽焉，其状如彘而人面，黄身而赤尾，其名曰合窳[5]，其音如婴儿，是兽也，食人，亦食虫蛇，见则天下大水。

又东二百里，曰太山，上多金玉、桢木[6]。有兽焉，其状如牛而白首，一目而蛇尾，其名曰蜚[7]，行水则竭，行草则死，见则天下大疫。钩水出焉，而北流注于劳水，其中多鱃鱼。

凡《东次四经》之首，自北号之山至于太山，凡八山，一千七百二十里。

右《东经》之山志，凡四十六山，万八千八百六十里。

注释：

1 牙：特指猛兽露出唇外的尖利大牙齿。

2 穰（ráng）：丰收。

3 䱻（huá）鱼：传说中的鱼名。

4 剡（yǎn）山：传说中的山名，在今浙江省境内。

5 合窳（yǔ）：传说中的兽名。

6 桢（zhēn）木：即女贞树，一种四季常青的灌木。

7 蜚（fěi）：传说中的动物名。

卷五　中山经

《中山经》薄山之首，曰甘枣之山。共水出焉，而西流注于河。其上多杻木[1]。其下有草焉，葵本而杏叶[2]，黄华而荚实[3]，名曰箨[4]，可以已瞢[5]。有兽焉，其状如鼣鼠[6]而文题[7]，其名曰𪕹[8]，食之已瘿。

又东二十里，曰历兒之山，其上多橿，多櫔木，是木也，方茎而员叶，黄华而毛，其实如楝[9]，服之不忘。

又东十五里，曰渠猪之山，其上多竹。渠猪之水出焉，而南流注于河。其中是多豪鱼，状如鲔，赤喙尾赤羽，（食之）可以已白癣。

又东三十五里，曰葱聋之山，其中多大谷[10]，是多白垩，黑、青、黄垩。

又东十五里，曰涹山[11]，其上多赤铜，其阴多铁。

注释：

1 杻（niǔ）木：一种古树，《诗经》有“山有栲（kǎo），隰（xí）有杻”。

2 葵本而杏叶：有葵菜一样的茎干和杏树一样的叶子。

3 黄华而荚（jiá）实：开黄色的花，结豆荚一样的果实。

4 箨（tuò）：草名。

5 瞢（méng）：眼睛看不清楚。

6 鼣（huǐ）鼠：传说中的动物。

7 文题：有花纹的额头。

8 𩻘（nuó）：传说中的兽名。前人注称还有作“熊”的。

9 楝（liàn）：楝树，又名苦楝。

10 大谷：深长的峡谷。

11 涹（wō）山：传说中的山名。

又东七十里，曰脱扈[1]之山。有草焉，其状如葵叶而赤华，荚实，实如棕荚，名曰植楮[2]，可以已癙[3]，食之不眯[4]。

又东二十里，曰金星之山，多天婴[5]，其状如龙骨，可以已痤[6]。

又东七十里，曰泰威之山。其中有谷曰枭谷，其中多铁。

又东十五里，曰橿谷[7]之山，其中多赤铜。

又东百二十里，曰吴林之山，其中多葌草[8]。

又北三十里，曰牛首之山。有草焉，名曰鬼草，其叶如葵而赤茎，其秀如禾[9]，服之不忧。劳水出焉，而西流注于潏水[10]，是多飞鱼，其状如鲋鱼，食之已痔衕[11]。

又北四十里，曰霍山，其木多榖。有兽焉，其状如狸，而白尾，有鬣[12]，名曰朏朏[13]，养之可以已忧。

又北五十二里，曰合谷之山，是多薝棘[14]。

又北三十五里，曰阴山，多砺石、文石。少水出焉。其中多雕棠[15]，其叶如榆叶而方，其实如赤菽[16]，食之已聋。

注释：

1 脱扈（hù）：传说中的山名。

2 植楮（chǔ）：草名。

3 癙（shǔ）：指忧郁病或瘘疮。

4 眯：梦魇，人在睡眠中梦到可怕的事情而受惊吓的症状。

5 天婴：传说中的植物。

6 痤（cuó）：痤疮。

7 橿（jiāng）谷：古山名。

8 葌（jiān）草：即兰草。前人注称也有作"菅"的，即茅草。

9 其秀如禾：它开出的花就像禾类植物的。秀，本义为植物开花，尤指庄稼，后引申泛指开花。

10 濡（yù）水：传说中的河流名。

11 痔衕（dòng）：痢疾。痔，痔疮。

12 鬣（liè）：马、狮子等动物脖子上的毛。

13 朏朏（fěi）：传说中的兽名。

14 蘑（zhān）棘：传说中的植物名。

15 雕棠：传说中的植物名。

16 赤菽（shū）：红豆。

又东北四百里，曰鼓镫[1]之山，多赤铜。有草焉，名曰荣草，其叶如柳，其本如鸡卵，食之已风[2]。

凡薄山之首，自甘枣之山至于鼓镫之山，凡十五山，六千六百七十里。历兒，冢也，[3]其祠礼：毛，太牢之具，县[4]以吉玉。[5]其余十三山者，毛用一羊，县婴[6]用桑封[7]，瘗而不糈。桑封者，桑主也，方其下而锐其上，而中穿之加金。[8]

注释：

1 鼓镫（dèng）：传说中的山名。

2 风：风痹病。

3 句意为历兒山是诸山的宗主。冢，领头的、最大的。

4 县：同"悬"，悬挂。

5 句意为祭祀的祭礼：在毛物中，用猪、牛、羊齐全的三牲作祭品，再悬挂上吉玉献祭。吉，美好。

6县婴：悬挂的玉器。婴，缠绕在脖颈用来装饰的玉。

7桑封：前人注称当作“藻珪”，藻珪即用有色彩的花纹缠绕的玉石制作的玉器。

8本句当为前一句注释，误窜入正文。“桑封者，桑主也”，此句本来当作“藻珪者，藻玉也”。这里是说将它做成上尖下方的形状，中心穿孔，再配上金饰。

《中次二经》济山之首，曰煇诸之山，其上多桑，其兽多闾麋[1]，其鸟多鶡[2]。

又西南二百里，曰发视之山，其上多金玉，其下多砥砺[3]。即鱼之水出焉，而西流注于伊水。

又西三百里，曰豪山，其上多金玉而无草木。

又西三百里，曰鲜山，多金玉，无草木。鲜水出焉，而北流注于伊水。其中多鸣蛇，其状如蛇而四翼，其音如磬[4]，见则其邑大旱。

又西三百里，曰阳山，多石，无草木。阳水出焉，而北流注于伊水。其中多化蛇，其状如人面而豺[5]身，鸟翼而蛇行，其音如叱呼[6]，见则其邑大水。

又西二百里，曰昆吾之山，其上多赤铜[7]。有兽焉，其状如彘而有角，其音如号，名曰蠪蚔[8]，食之不眯。

又西百二十里，曰葌山。葌水出焉，而北流注于伊水。其上多金玉，其下多青、雄黄。有木焉，其状如棠而赤叶，名曰芒草，可以毒鱼。

又西一百五十里，曰独苏之山，无草木而多水。

又西二百里，曰蔓渠之山，其上多金玉，其下多竹箭。伊水出焉，而东流注于洛。有兽焉，其名曰马腹，其状如人面虎身，其音如婴儿，是食人。

凡济山之首，自煇诸之山至于蔓渠之山，凡九山，一千六百七十里。其神皆人面而鸟身。祠用毛，用一吉玉，投而不糈[9]。

注释：

1 闾（lǘ）麋：传说中的兽名，长得像驴却有着羚羊角。

2 鹖（hé）：传说中的鸟，像野鸡而更大，羽毛青色，好斗。

3 砥砺：可用来做磨刀石的石头。

4 磬（qìng）：古时乐器，敲击能发出清脆悦耳的声音。

5 豺（chái）：像狼而更小一些的猛兽，常与狼并称。

6 叱呼：大声呵斥。

7 赤铜：传说中昆吾山特有，色彩鲜红，用此铸的剑很锋利。

8 蠪蚳（lóng chī）：又作“蠪蛭”，传说中的野兽，吃了它的肉可以不做噩梦。

9 投而不糈（xǔ）：把这些投向山谷而不用米祭祀神。

《中次三经》萯山[1]之首，曰敖岸之山，其阳多㻬琈[2]之玉，其阴多赭、黄金。神熏池居之。是常出美玉。北望河林，其状如蒨如举[3]。有兽焉，其状如白鹿而四角，名曰夫诸，见则其邑大水。

又东十里，曰青要之山，实惟帝之密都[4]。北望河曲，是多驾鸟[5]。南望墠渚[6]，禹父之所化，是多仆累、蒲卢[7]。䰠武罗[8]司之，其状人面而豹文，小要[9]而白齿，而穿耳以鐻[10]，其鸣如鸣玉。是山也，宜女子。畛水[11]出焉，而北流注于河。其中有鸟焉[12]，名曰䴅[13]，其状如凫，青身而朱目赤尾，食之宜子。有草焉，其状如葌，而方茎黄华赤实，其本如藁本[14]，名曰荀草，服之美人色[15]。

注释：

1 萯（bèi）山：传说中的山名。

2 瑻琈（tū fú）：玉石名，前文已多次出现。

3 如蒨（qiàn）如举：蒨，草名。举，即榉柳。

4 密都：隐秘深邃的都城。

5 驾鸟：前人注称当作"駕鸟"。駕（jiā），駕鹅，即鸿雁。

6 墠（shàn）渚：地名。渚，本义为水中的小块陆地。

7 仆累（lěi）：即蜗牛。 蒲卢：是一种蚌、蛤类动物。

8 䰠（shén）武罗：䰠，即"神"字。武罗，传说中的神名。

9 要：同"腰"。

10 鐻（qú）：金银制成的耳环。

11 畛（zhěn）水：河流名。

12 焉：常用在句末，还有兼代词"在这里"的意思。

13 鴢（yǎo）：传说中的鸟名，即鱼鵁（jiāo），一种水鸟。

14 藁（gǎo）本：一种香草，可入药。

15 服之美人色：服用它可使人的气色好。

又东十里，曰騩山[1]，其上有美枣，其阴有瑻琈之玉。正回之水出焉，而北流注于河。其中多飞鱼[2]，其状如豚而赤文，服之不畏雷，可以御兵[3]。

又东四十里，曰宜苏之山，其上多金玉，其下多蔓居[4]之木。滽滽[5]之水出焉，而北流注于河，是多黄贝。

又东二十里，曰和山，其上无草木而多瑶、碧，实惟河之九都[6]。是山也五曲，九水出焉，合而北流注于河，其中多苍玉。吉神泰逢[7]司之，其状如人而虎尾，是好居于萯山之阳，出入有光。泰逢神动天地气也[8]。

凡萯山之首，自敖岸之山至于和山，凡五山，四百四十里。其祠：泰逢、熏池、武罗皆一牡羊副，婴用吉玉。[9]其二神用一雄鸡瘗之。糈用稌。

注释：

1 騩（guī）山：古山名。

2 飞鱼：传说中的动物，长得像猪却有着红色的花纹，据说吃了它的肉可以防雷。

3 御兵：抵御兵祸。

4 蔓居：即蔓荆，一种草本植物。

5 滽滽（yōng）：河流名。可能在今河南省境内。

6 河之九都：九条河流在此汇聚。都，汇聚。

7 吉神泰逢：吉神，善、美好的神。泰逢，神名。

8 泰逢神动天地气也：泰逢这位神能兴起风云雨。天地气，风云雨之类的天气现象。

9 本句讲祭祀诸山山神的祭礼：祭祀泰逢、熏池、武罗三位神都是把一只公羊劈开来祭祀，祀神的玉器要用吉玉。副（pì），裂开、剖开。

《中次四经》厘山之首，曰鹿蹄之山，其上多玉，其下多金。甘水出焉，而北流注于洛，其中多泠石[1]。

西五十里，曰扶猪之山，其上多礝石[2]。有兽焉，其状如貉[3]而人目，其名曰䴦[4]。虢水出焉，而北流注于洛，其中多礝石。

又西一百二十里，曰厘山，其阳多玉，其阴多蒐[5]。有兽焉，其状如牛，苍身，其音如婴儿，是食人，其名曰犀渠[6]。滽滽之水出焉，而南流注于伊水。有兽焉，名曰獅[7]，其状如獳犬[8]而有鳞，其毛如彘鬣[9]。

又西二百里，曰箕尾之山，多穀，多涂石[10]，其上多㻬琈之玉。

注释：

1 汵（líng）石：汵，前人注称或作"涂"或"汵（gàn）"。涂，泥涂。汵，一种质地柔软的矿石。

2 碝（ruǎn）石：前人注称也有写作"碝""瑌"的。一种质地细腻仅次于玉的石头。

3 貉（hé）：一种动物，外形像狐狸，毛很珍贵。

4 麢（yín）：兽名。前人注称也写作"麖"。

5 蒐（sōu）：茅蒐，即蒨草、茜草，叶紫红色，可作染料，根可入药。

6 犀渠：传说中的动物，可能是犀牛之类的，古代用它的皮制作盾牌。

7 獭（xié）：即獭（tǎ）。一种哺乳动物，常栖息在水边，毛可用来做衣物。

8 獳（nòu）犬：发怒的狗。

9 彘鬣（zhì liè）：猪鬃一样硬而粗的毛。

10 涂石：即前文提到的汵石。

又西二百五十里，曰柄山，其上多玉，其下多铜。滔雕之水出焉，而北流注于洛。其中多羬羊。有木焉，其状如樗[1]，其叶如桐而荚实，其名曰茇[2]，可以毒鱼。

又西二百里，曰白边之山，其上多金玉，其下多青、雄黄。

又西二百里，曰熊耳之山，其上多漆，其下多棕。浮濠之水出焉，而西流注于洛，其中多水玉，多人鱼。有草焉，其状如苏[3]而赤华，名曰葶苧[4]，可以毒鱼。

又西三百里，曰牡山，其上多文石，其下多竹箭、竹䉋[5]。其兽多㸲牛[6]、羬羊，鸟多赤鷩。

又西三百五十里，曰讙举[7]之山。雒水[8]出焉，而东北流注于玄扈之水。其中多马肠之物[9]。此二山者，洛间也。[10]

凡厘山之首，自鹿蹄之山至于玄扈之山，凡九山，千六百七十里。其神状皆人面兽身。其祠之：毛用一白鸡，祈而不糈[11]，以采衣之[12]。

注释：

1 樗（chū）：臭椿树。

2 茇（bá）：古树名。前人注称还作"艾"或"芫"，据说鱼吃了这些就会死。

3 苏：即紫苏、山苏，一种草本植物，叶紫色，可入药。

4 葶苧（dǐng níng）：传说中的植物名。

5 竹䉋（mèi）：竹名。

6 㸲（zuó）牛：体型较大的山牛。

7 讙（huān）举：传说中的山名。

8 雒水：即南洛河。雒，同"洛"。

9 马肠之物：怪兽，即前文"蔓渠之山"一节提到的"马腹"。

10 句意为讙举山与玄扈山之间，夹着一条洛水。

11 祈而不糈（xǔ）：祈祷的时候不用米献祭。

12 以采衣之：用彩色的布帛（把白鸡）包裹起来。衣，音 yì，作动词用，给穿衣、包裹。

《中次五经》薄山之首，曰苟床[1]之山，无草木，多怪石。

东三百里，曰首山，其阴多榖、柞[2]，草多茉、芫[3]。其阳多瑀琈之玉，木多槐。其阴有谷，曰机谷，多䳄鸟[4]，其状如枭而三目，有耳，其音如录[5]，食之已垫[6]。

又东三百里，曰县斸[7]之山，无草木，多文石。

又东三百里，曰葱聋之山，无草木，多摩石[8]。

东北五百里，曰条谷之山，其木多槐桐，其草多芍药、虋冬[9]。

又北十里，曰超山，其阴多苍玉，其阳有井[10]，冬有水而夏竭。

又东五百里，曰成侯之山，其上多櫄木[11]，其草多芃[12]。

又东五百里，曰朝歌之山，谷多美垩[13]。

又东五百里，曰槐山，谷多金锡。

又东十里，曰历山，其木多槐，其阳多玉。

又东十里，曰尸山，多苍玉，其兽多麖[14]。尸水出焉，南流注于洛水，其中多美玉。

注释：

1 苟床：前人注称"床"还作"林"。传说中的山名。

2 榖、柞：构树和柞树。

3 荣（zhú）、芫（yuán）：荣，山蓟类植物，多年生草本，可入药。芫，芫华，也可入药。

4 䳄（dài）鸟：传说中的鸟名。

5 录：清人郝懿行认为当作"鹿"。

6 垫：久处低下潮湿之地而引发的疾病。

7 县斸（xuán zhú）：古山名。

8 摩（bàng）石：玤石，是次于玉石的一种石头。

9 虋（mén）冬：即门冬。一种植物，可入药。

10 井：不同于今天人工开挖出来的井，而是自然形成的水面下凹的泉。

11 櫄（chūn）木：这种树与臭椿树相似，树干可用来做车轮。

12 芃（péng）：前人注称当作“艽（jiāo）”，即秦艽，可入药。

13 美垩（è）：质地优良的垩土。

14 麖（jīng）：大鹿。

又东十里，曰良余之山，其上多穀柞，无石。余水出于其阴，而北流注于河；乳水出于其阳，而东南流注于洛。

又东南十里，曰蛊尾之山，多砺石、赤铜。龙余之水出焉，而东南流注于洛。

又东北二十里，曰升山，其木多穀、柞、棘，其草多藷藇、蕙[1]，多寇脱[2]。黄酸之水出焉，而北流注于河，其中多琁玉[3]。

又东二十里，曰阳虚之山，多金，临于玄扈之水。

凡薄山之首，自苟林之山至于阳虚之山，凡十六山，二千九百八十二里。升山，冢也[4]，其祠礼：太牢，婴用吉玉。首山䰠[5]也，其祠用稌、黑牺太牢之具[6]、蘖酿[7]；干儛[8]，置鼓；婴用一璧。尸水，合天也，肥牲祠之；[9]用一黑犬于上，用一雌鸡于下，刉[10]一牝羊[11]，献血。婴用吉玉，采之，飨[12]之。

注释：

1 藷藇、蕙：藷藇即山药，蕙为香草。

2 寇脱：一种草，生于南方，高一丈多，叶像荷叶而茎中有瓤。

3 琁（xuán）玉：一种质地次于玉的石头，即“璇玉”。

4 升山，冢也：升山，是众山的宗主。

5 䰠：即“神”字。

6 黑牺太牢之具：整只黑色的猪、牛、羊。

7 蘖（niè）酿：用曲酿制的醴酒。这里特指美酒。

8 干儛（wǔ）：举起盾牌跳舞。干，盾牌。儛，同“舞”。

［日本］佚名《怪奇鸟兽图卷》（局部）

［日本］佚名《怪奇鸟兽图卷》（局部）

9 本句意为尸水是上天需要的祭祀凭据，要用肥壮的牲畜作祭品献祭。

10 刉（jī）：也作“钊（jī）”，划破、割开。

11 牝（pìn）羊：母羊。

12 飨（xiǎng）：（请）享用。

《中次六经》缟羝[1]山之首，曰平逢之山，南望伊洛，东望穀城之山，无草木，无水，多沙石。有神焉，其状如人而二首，名曰骄虫，是为螫虫[2]，实惟蜂、蜜之庐[3]。其祠之，用一雄鸡，禳而勿杀[4]。

西十里，曰缟羝之山，无草木，多金玉。

又西十里，曰廆山[5]，其阴多㻬琈之玉。其西有谷焉，名曰雚谷[6]，其木多柳、楮[7]，其中有鸟焉，状如山鸡而长尾，赤如丹火而青喙[8]，名曰鸰鹦[9]，其鸣自呼，服之不眯。[10]交觞[11]之水出于其阳，而南流注于洛；俞随之水出于其阴，而北流注于谷水。

又西三十里，曰瞻诸之山，其阳多金，其阴多文石[12]。谢水[13]出焉，而东南流注于洛；少水出其阴，而东流注于谷水。

又西三十里，曰娄涿[14]之山，无草木，多金玉。瞻水出于其阳，而东流注于洛；陂水[15]出于其阴，而北流注于谷水，其中多茈石[16]、文石。

注释：

1 缟羝（gǎo dī）：传说中的山名。

2 螫（shì）虫：蜜蜂之类有毒刺能蜇人的昆虫。

3 实惟蜂、蜜之庐：是各种蜜蜂之类聚集筑巢的地方。蜜，也是一种蜂。

4 禳而勿杀：祈祷这些蜂不要蜇人，所用的雄鸡不要宰杀。禳，祈祷。

5 瘣（guī）山：山名。

6 雚（huán）谷：山谷名。

7 楮（chǔ）：构树。

8 赤如丹火而青喙：鲜红似火，却有着青色的嘴。

9 鸰鹀（líng yāo）：传说中的鸟名。

10 其鸣自呼，服之不眯：这种鸟的名字从它的叫声得来，吃了它的肉可以防治做恶梦。

11 交觞（shāng）：传说中的河流名。

12 文石：有花纹的漂亮石头。

13 澥（xiè）水：河流名。

14 娄涿（lóu zhuō）：河流名。

15 陂（bēi）水：古河流名。

16 茈（zǐ）石：茈，通“紫”。紫色的石头。

又西四十里，曰白石之山。惠水出于其阳，而南流注于洛，其中多水玉。涧水出于其阴，西北流注于谷水，其中多麋石[1]、栌丹[2]。

又西五十里，曰穀山，其上多穀，其下多桑。爽水出焉，而西北流注于谷水，其中多碧绿[3]。

又西七十二里，曰密山，其阳多玉，其阴多铁。豪水出焉，而南流注于洛，其中多旋龟[4]，其状鸟首而鳖尾，其音如判木[5]。无草木。

又西百里，曰长石之山，无草木，多金玉。其西有谷焉，名曰共谷，多竹。共水出焉，西南流注于洛，其中多鸣石[6]。

又西一百四十里，曰傅山，无草木，多瑶、碧。厌染之水出于其阳，而南流注于洛，其中多人鱼。其西有林焉，名曰墦冢[7]。谷水出焉，而东流注于洛，其中多珚玉[8]。

又西五十里，曰橐山[9]，其木多樗，多楠木[10]，其阳多金玉，其阴多铁，多萧[11]。橐水出焉，而北流注于河。其中多修辟之鱼[12]，状如黾[13]而白喙，其音如鸱[14]，食之已白癣。

注释：

1 麋石：前人注说“麋”古通“眉”。麋石即画眉石。

2 栌（lú）丹：黑色的丹砂。栌，通“卢”，黑色。

3 碧绿：孔雀石，色彩艳丽。

4 旋龟：传说中的动物，前文《南山经》中已提到。

5 判木：伐木。判，劈开。

6 鸣石：敲击能发出声音的石头，可能是磬石一类。

7 墦冢（fán zhǒng）：本义都指坟墓，此处为树林名。

8 珚（yān）玉：一种美玉。

9 橐（tuó）山：山名。

10 楠（bèi）木：据说产于四川一带，七八月吐穗，穗熟后如盐粉状，可用来煮羹汤。

11 萧：即荻、蒿。

12 修辟之鱼：传说中的鱼。修，长的意思。

13 黾（měng）：蛙之类的小动物。

14 鸱（chī）：鹞鹰一类凶猛的鸟。

又西九十里，日常烝[1]之山，无草木，多垩。潐水[2]出焉，而东北流注于河，其中多苍玉。菑水[3]出焉，而北流注于河。

又西九十里，曰夸父之山，其木多棕楠[4]，多竹箭，其兽多牸牛、羬羊，其鸟多鷩[5]，其阳多玉，其阴多铁。其北有林焉，名曰桃林，是广员三百里，其中多马。湖水出焉，而北流注于河，其中多珚玉。

又西九十里，曰阳华之山，其阳多金玉，其阴多青、雄黄，其草多薯萸，多苦辛[6]，其状如橚[7]，其实如瓜，其味酸甘，食之已疟。杨水出焉，而西南流注于洛。其中多人鱼。门水出焉，而东北流注于河，其中多玄䃌[8]。缙姑[9]之水出于其阴，而东流注于门水，其上多铜。门水出于河，七百九十里入雒水。[10]

凡缟羝山之首，自平逢之山至于阳华之山，凡十四山，七百九十里。岳[11]在其中，以六月祭之，如诸岳之祠法，则天下安宁。

注释：

1 常烝（zhēng）：传说中的山名。烝，气体上升的样子。

2 潐（qiáo）水：河流名。

3 菑（zī）水：水系的名称。

4 棕楠：棕树和楠树，前文已多次出现。

5 鷩（bì）：即前文提到的赤鷩。

6 苦辛：前人注称当作"苦莘"，传说中的一种草。

7 橚（qiū）：同"楸"。一种高大的落叶乔木，种子可入药。

8 玄䃌（sù）：黑色的磨刀石，生于水中。

9 缙姑：古河流名。

10 清人王念孙认为此句乃是郭璞注文，误入正文。

11 岳：高大的山。

《中次七经》苦山之首，曰休与[1]之山。其上有石焉，名曰帝台之棋[2]，五色而文，其状如鹑卵[3]。帝台之石，所以祷[4]百神者也，服之不蛊[5]。有草焉，其状如蓍[6]，赤叶而本丛生，名曰夙条，可以为簳[7]。

东三百里，曰鼓钟之山，帝台之所以觞[8]百神也。有草焉，茎而黄华，员叶而三成[9]，其名曰焉酸[10]，可以为毒[11]。其上多砺，其下多砥。[12]

又东二百里，曰姑媱[13]之山。帝女死焉，其名曰女尸，化为䔄草[14]，其叶胥成[15]，其华黄，其实如菟丘[16]，服之媚于人[17]。

又东二十里，曰苦山。有兽焉，名曰山膏，其状如逐[18]，赤若丹火，善詈[19]。其上有木焉，名曰黄棘，黄华而员叶，其实如兰，服之不字[20]。有草焉，员叶而无茎，赤华而不实，名曰无条[21]，服之不瘿。

注释：

1 与：前人注称还写作“舆”（和“与”的繁体“與”形近）。

2 帝台之棋：帝台，神名。棋，古时的游戏博棋。

3 鹑卵：鹌鹑蛋。

4 祷：祭祀。

5 服之不蛊：佩戴上就可以免遭邪气侵害。服，佩戴。

6 蓍（shī）：古时占卜筹算用的草。

7 簳（gǎn）：一种小竹子，可用来做箭杆。

8 觞：酒杯，引申为举觞宴会。

9 员叶而三成：叶是圆状的，三重叠起。

10 焉酸：前人注称还作“乌酸”，前文已出现过。

11 为毒：治疗毒症。为，治。

12 砺、砥分别为质地细、粗的磨刀石。

13 姑媱（yáo）：山名，与天帝女儿的传说有关，可能就是后来的瑶姬神话。

14 蓔（yáo）草：传说中的植物名。

15 胥成：重叠而成。

16 菟（tù）丘：即菟丝子，一种细长的藤状植物。

17 媚于人：讨人喜爱。

18 逐：前人注称当作“豚”，即猪。

19 詈（lì）：骂人。

20 字：怀孕。

21 无条：前文《西山经》中也提到，但是同名而异物。

又东二十七里，曰堵山，神天愚居之，是多怪风雨。其上有木焉，名曰天楄[1]，方茎而葵状，服者不哩[2]。

又东五十二里，曰放皋之山。明水出焉，南流注于伊水，其中多苍玉。有木焉，其叶如槐，黄华而不实，其名曰蒙木，服之不惑。有兽焉，其状如蜂，枝尾而反舌[3]，善呼，其名曰文文。

又东五十七里，曰大䓘之山，多㻬琈之玉，多麋玉[4]。有草焉，其状叶如榆，方茎而苍伤[5]，其名曰牛伤[6]，其根苍文，服者不厥[7]，可以御兵。其阳狂水出焉，西南流注于伊水，其中多三足龟，食者无大疾，可以已肿。

又东七十里，曰半石之山。其上有草焉，生而秀[8]，其高丈余，赤叶赤华，华而不实，其名曰嘉荣，服之者不（畏）霆[9]。来需之水出于其阳，而西流注于伊水，其中多鯩鱼[10]，黑文，其状如鲋[11]，食者不睡[12]。合水出于其阴，而北流注于洛，多䲢鱼[13]，状如鳜，居逵[14]，苍文赤尾，食者不痈，可以为瘘。[15]

注释：

1 天楄（pián）：传说中的树名。

2 噎（yè）：同“噎”，吃东西时被噎住。

3 枝尾而反舌：尾巴分叉、舌头倒长。

4 麋玉：前人注称当作“瑂玉”，一种像鱼的石头。

5 苍伤：青色棘刺。

6 牛伤：即牛棘。

7 厥：逆气病，即突然昏倒、手脚冰凉的症状。

8 秀：开花。这里指生来就开花结果。

9 不（畏）霆：“不”字后当有“畏”字，不怕雷霆。霆，声音大而迅疾的雷。

10 鯩（lún）鱼：古鱼名。

11 鲋（fù）：鲫鱼。

12 睡：打瞌睡。前人注称还作“肿”。

13 螣（téng）鱼：又叫瞻星鱼。

14 逵（kuí）：水中洞穴相交的地方。

15 食者不痈（yōng），可以为瘘（lòu）：吃了它的肉，可以不得痈肿病，还能防治瘘疮。为，治。

又东五十里，曰少室之山，百草木成囷[1]。其上有木焉，其名曰帝休，叶状如杨，其枝五衢[2]，黄华黑实，服者不怒。其上多玉，其下多铁。休水出焉，而北流注于洛，其中多鯑鱼[3]，状如盩蜼[4]而长距[5]，足白而对[6]，食者无蛊疾，可以御兵。

又东三十里，曰泰室之山。其上有木焉，叶状如梨而赤理，其名曰栯木[7]，服者不妒。有草焉，其状如荣[8]，白华黑实，泽如蘡薁[9]，其名曰䔄草[10]，服之不昧[11]。上多美石。

又北三十里，曰讲山，其上多玉，多柘[12]、多柏。有木焉，名曰帝屋，叶状如椒[13]，反伤赤实[14]，可以御凶。

又北三十里，曰婴梁之山，上多苍玉，錞[15]于玄石。

又东三十里，曰浮戏之山。有木焉，叶状如樗而赤实，名曰亢木，食之不蛊。汜水出焉，而北流注于河。其东有谷，因名曰蛇谷，上多少辛[16]。

又东四十里，曰少陉[17]之山。有草焉，名曰䔄草[18]，叶状如葵，而赤茎白华，实如蘡薁，食之不愚[19]。器难之水出焉，而北流注于役水。

注释：

1 囷（qūn）：谷仓。此处是说草木屯聚像谷仓的形状。

2 五衢（qú）：四处通达的样子，此处指树枝交叉重出。五，极言多。

3 鯑（tí）鱼：即鲵鱼、娃娃鱼。

4 盩蜼（zhōu wěi）：传说中的野兽，像猕猴。

5 距：爪子。

6 对：相向。

7 楢（yǒu）木：树名。

8 苿（zhú）：即白术、苍术一类的药材。

9 蘡薁（yīng yù）：一种藤本植物，即野葡萄、山葡萄。

10 蓥草：与前文提到的蓥草同名而异物。

11 眛：前人注称当作“眯”，梦魇。

12 柘（zhè）：落叶乔木，是珍贵的木料。

13 椒：此处指花椒，香料植物。

14 反伤赤实：反伤，反刺，倒长的刺。赤实，红色的果实。

15 錞（chún）：依附。

16 少辛：即细辛，一种中草药名。

17 少陉（xíng）：传说中的山名。

18 茵（gāng）草：草名。

19 不愚：有智慧。

又东南十里，曰太山。有草焉，名曰梨，其叶状如荻[1]而赤华，可以已疽。太水出于其阳，而东南流注于役水；承水出于其阴，而东北流注于役（水）。

又东二十里，曰末山，上多赤金。末水出焉，北流注于役（水）。

又东二十五里，曰役山，上多白金，多铁。役水出焉，北注于河。

又东三十五里，曰敏山。上有木焉，其状如荆，白华而赤实，名曰葪柏[2]，服者不寒。其阳多瑀琈之玉。

又东三十里，曰大騩之山，其阴多铁、美玉、青垩。有草焉，其状如蓍而毛，青华而白实，其名曰蒗[3]，服之不夭，可以为腹病[4]。

凡苦山之首，自休与之山至于大騩之山，凡十有九山，千一百八十四里。其十六神者，皆豕身而人面[5]。其祠：毛牷[6]用一羊羞[7]，婴用一藻玉瘗。苦山、少室、太室皆冢[8]也。其祠之：太牢之具，婴以吉玉。[9]其神状皆人面而三首。其余属皆豕身人面也。

注释：

1 荻（dí）：一种生于水边、像芦苇的植物。前人注称还作“萩（qiū）”，一种蒿类植物，茎干长一丈有余。

2 葪（jì）柏：植物名，柏树的一种。葪，同“蓟”。

3 莀（hěn）：草名。原作“蓖（hěn）”，据郝懿行说校改。

4 为腹病：治好肠胃病和腹痛之类的疾病。

5 豕身而人面：猪身人面。

6 毛牷（quán）：毛色纯一的整只牲口。

7 羞：特指献祭食品。

8 冢：宗主。此山系有三个宗主。

9 太牢之具，婴以吉玉：献上整只的猪、牛、羊和一块美好的玉。婴，此处作动词用。

《中次八经》荆山之首，曰景山，其上多金玉，其木多杼[1]檀。雎水[2]出焉，东南流注于江，其中多丹粟，多文鱼[3]。

东北百里，曰荆山，其阴多铁，其阳多赤金，其中多犛牛[4]，多豹虎，其木多松柏，其草多竹，多橘櫾[5]。漳水出焉，而东南流注于雎，其中多黄金，多鲛鱼[6]。其兽多闾麋[7]。

又东北百五十里，曰骄山，其上多玉，其下多青雘，其木多松柏，多桃枝钩端[8]。神䰠围[9]处之，其状如人面、羊角、虎爪，恒游于雎漳之渊，出入有光。

又东北百二十里，曰女几之山，其上多玉，其下多黄金，其兽多豹虎，多闾、麋、麖、麂[10]，其鸟多白鷮[11]，多翟[12]，多鸩[13]。

又东北二百里，曰宜诸之山，其上多金玉，其下多青雘。洈水[14]出焉，而南流注于漳，其中多白玉。

又东北三百五十里，曰纶山，其木多梓、楠，多桃枝，多柤、栗[15]、橘、櫾，其兽多闾、麈、麢、㚟。

注释：

1 杼（shù）：即柞树、栎树。

2 雎（jū）水：河流名。

3 文鱼：色彩花纹漂亮的鱼。

4 犛（máo）牛：牦牛之类的牛。

5 櫾（yòu）：同“柚”，即今天所说的柚子。

6 鲛（jiāo）鱼：即鲨鱼。

7 麋：像鹿而更大一些，可能就是麋鹿。

8 桃枝钩端：桃枝、钩端都是小竹子之类的植物。前文《西山经》已出现过。

9 鼍（tuó）围：传说中的神名。

10 麖（jīng）、麂（jǐ）：两种鹿类动物。

11 鷮（jiāo）：鸟名，像野鸡却有很长的尾巴，常边跑边叫。

12 翟（dí）：长尾山雉。

13 鸩（zhèn）：一种体型较大的鸟，有毒。

14 洈（wéi）水：河流名。

15 柤（zhā）、栗：柤，古同“楂”，山楂树。栗，板栗树。

又东北二百里，曰陆鄃[1]之山，其上多㻬琈之玉，其下多垩，其木多杻橿。

又东百三十里，曰光山，其上多碧，其下多水。神计蒙处之，其状人身而龙首，恒游于漳渊，出入必有飘风暴雨[2]。

又东百五十里，曰岐山，其阳多赤金，其阴多白珉[3]，其上多金玉，其下多青雘，其木多樗。神涉鼍[4]处之，其状人身而方面三足。

又东百三十里，曰铜山，其上多金、银、铁，其木多穀、柞、椢、栗、橘、櫾，其兽多犳。

又东北一百里，曰美山，其兽多兕、牛，多闾、麈，多豕、鹿，其上多金，其下多青雘。

又东北百里，曰大尧之山，其木多松柏，多梓桑，多机[5]，其草多竹，其兽多豹、虎、麢、㚟。

又东北三百里，曰灵山，其上多金玉，其下多青雘，其木多桃、李、梅、杏。

又东北七十里，曰龙山，上多寓木[6]，其上多碧，其下多赤锡[7]，其草多桃枝、钩端。

注释：

1 陆鄃（guǐ）：传说中的山名。

2 飘风暴雨：旋风大雨。

3 白珉（mín）：一种白色的似玉的美石。

4 涉䵮（tuó）：传说中的神名。

5 机：机木，即桤树，落叶乔木，木材坚韧。

6 寓木：又叫宛童，一种寄生树。

7 赤锡：一种红色的矿物质。

又东南五十里，曰衡山，上多寓木、榖、柞，多黄垩、白垩。

又东南七十里，曰石山，其上多金，其下多青雘，多寓木。

又南百二十里，曰若山，其上多㻬琈之玉，多赭，多邽石[1]，多寓木，多柘。

又东南一百二十里，曰彘山，多美石，多柘。

又东南一百五十里，曰玉山，其上多金玉，其下多碧、铁，其木多柏。

又东南七十里，曰讙山，其木多檀，多（邽）石，多白锡。郁水出于其上，潜于其下，其中多砥砺。

又东北百五十里，曰仁举之山，其木多榖柞，其阳多赤金，其阴多赭。

又东五十里，曰师每之山，其阳多砥砺，其阴多青雘，其木多柏，多檀，多柘，其草多竹。

又东南二百里，曰琴鼓之山，其木多榖、柞、椒[2]、柘，其上多白珉，其下多洗石，其兽多豖、鹿，多白犀[3]，其鸟多鸩。

凡荆山之首，自景山至琴鼓之山，凡二十三山，二千八百九九十里。其神状皆鸟身而人面。其祠：用一雄鸡祈瘗，用一藻圭，糈用稌。骄山，冢也。其祠：用羞酒少牢祈瘗，婴毛用一璧。

注释：

1 邽（guī）石：前人注称“邽”当作“封”，即前文已经提到的封石，下同。

2 椒：此处指一种矮小丛生的小树，与前文提到的花椒树不同。

3 白犀：白色犀牛。

《中次九经》岷山之首，曰女几之山，其上多石涅[1]，其木多杻橿，其草多菊、荒。洛水出焉，东注于江[2]。其中多雄黄，其兽多虎、豹。

又东北三百里，曰岷山。江水出焉，东北流注于海，其中多良龟，多鼍[3]。其上多金玉，其下多白珉。其木多梅棠，其兽多犀、象，多夔牛[4]，其鸟多翰、鷩[5]。

又东北一百四十里，曰崃山。江水出焉，东流注（于）大江。其阳多黄金，其阴多麋麈，其木多檀柘，其草多䪥[6]、韭，多药[7]、空夺[8]。

又东一百五十里，曰崌山[9]。江水出焉，东流注于大江，其中多怪蛇，多鷙鱼[10]。其木多楢[11]、杻，多梅、梓，其兽多夔牛、麢、㚟[12]、犀、兕。有鸟焉，状如鸮而赤身白首，其名曰窃脂，可以御火。

注释：

1 石涅（niè）：即涅石，一种矿石，可做黑色染料。

2 江：专指长江。古之长江与今天所称长江虽有联系，但在流域范围会有不同。

3 鼍（tuó）：即今天所说的扬子鳄。

4 夔（kuí）牛：传说中一种重达千斤的牛。

5 翰、鷩（bì）：白翰鸟和赤鷩鸟，分别为一种野鸡和锦鸡。

6 䪥（xiè）：同"薤"，即野薤，一种野菜。

7 药：即白芷，一种香草。

8 空夺：即前文提到的寇脱，即通脱木。

9 崌（jū）山：山名，在今四川省境内。

10 鷙（zhì）鱼：传说中的鱼，具体未知。

11 楢（yóu）：传说中的树，木质刚硬，古时用来做车轮。

12 㚟（chuò）：传说中的动物，像兔子，毛青色，体型较大。

又东三百里，曰高梁之山，其上多垩，其下多砥砺，其木多桃枝、钩端。有草焉，状如葵而赤华、荚实、白柎[1]，可以走马[2]。

又东四百里，曰蛇山，其上多黄金，其下多垩，其木多栒，多豫章[3]，其草多嘉荣、少辛[4]。有兽焉，其状如狐，而白尾长耳，名㺑狼[5]，见则国内有兵。

又东五百里，曰鬲山，其阳多金，其阴多白珉[6]。蒲鹳[7]之水出焉，而东流注于江，其中多白玉。其兽多犀、象、熊、罴，多猿、蜼[8]。

又东北三百里，曰隅阳之山，其上多金玉，其下多青雘，其木多梓桑，其草多茈。徐之水出焉，东流注于江，其中多丹粟。

又东二百五十里，曰岐山，其上多白金，其下多铁，其木多梅、梓，多杻、楢。減水出焉，东南流注于江。

又东三百里，曰勾檷[9]之山，其上多玉，其下多黄金，其木多栎柘，其草多芍药。

又东一百五十里，曰风雨之山，其上多白金，其下多石涅，其木多棷樿[10]，多杨。宣余之水出焉，东流注于江，其中多蛇。其兽多闾、麋，多麈、豹、虎，其鸟多白舌鷮。

又东二百里，曰玉山，其阳多铜，其阴多赤金，其木多豫章、楢、杻，其兽多豕、鹿、麢、臭，其鸟多鸩。

注释：

1 白柎（fū）：白色的花萼。

2 走马：使马跑得快。走，跑，这里做使动用法。

3 豫章：即豫樟，可能是枕木和樟木的并称。

4 嘉荣、少辛：两种草名。少辛即细辛，可入药。

5 狏（shì）狼：传说中的兽类，出现的地方会有战争。

6 白珉（mín）：白色珉石。珉为一种像玉的石头。

7 蒲鹳（hōng）：水名。

8 蜼（wèi）：一种体型较大的长尾猿。

9 勾檷（mí）：山名。

10 棷樿（zōu shàn）：两种树木。棷不详，樿即白理木，木质坚硬，纹理白色。

又东一百五十里，曰熊山。有穴焉，熊之穴，恒[1]出入神人。夏启而冬闭；是穴也，冬启乃必有兵。其上多白玉，其下多白金。其木多樗柳，其草多寇脱。

又东一百四十里，曰騩山，其阳多美玉、赤金，其阴多铁，其木多桃枝、荆芭。

又东二百里，曰葛山，其上多赤金，其下多瑊石[2]，其木多柤、栗、橘、櫾、楢、杻，其兽多麢、臭，其草多嘉荣。

又东一百七十里，曰贾超之山，其阳多黄垩，其阴多美赭，其木多柤、栗、橘、櫾，其中多龙修[3]。

凡岷山之首，自女几山至于贾超之山，凡十六山，三千五百里。其神状皆马身而龙首。其祠：毛用一雄鸡瘗，糈用稌。文山[4]、勾檷、风雨、騩之山，是皆冢也。其祠之：羞酒[5]，少牢具[6]，婴毛一吉玉。熊山，席[7]也。其祠：羞酒，太牢具，婴用一璧。干儛，用兵以禳；祈，璆冕舞[8]。

注释：

1 恒：时常。

2 瑊（jiān）石：一种质地比玉略次一等的石头。

3 龙修：即龙须草，可用作编制的材料。

4 文山：指岷山。

5 羞酒：进献美酒。

6 少牢具：少牢，祭祀中的猪、羊。具，献上整体。

7 席：前人注称当作“帝”，这里为主体、首领的意思。

8 璆（qiú）冕舞：拿着美玉、身着礼服起舞。璆，同“球”，美玉。冕，古代帝王、诸侯、卿大夫的礼服，此处泛指礼服。

《中次十经》之首，曰首阳之山，其上多金玉，无草木。

又西五十里，曰虎尾之山，其木多椒、椐[1]，多封石，其阳多赤金，其阴多铁。

又西南五十里，曰繁缋[2]之山，其木多楢、杻，其草多枝、勾[3]。

又西南二十里，曰勇石之山，无草木，多白金，多水。

又西二十里，曰复州之山，其木多檀，其阳多黄金。有鸟焉，其状如鸮，而一足彘尾，其名曰跂踵[4]，见则其国大疫。

又西三十里，曰楮山，多寓木，多椒、椐，多柘，多垩。

又西二十里，曰又原之山，其阳多青雘，其阴多铁，其鸟多鸜鹆[5]。

又西五十里，曰涿山，其木多榖、柞、杻，其阳多㻬琈之玉。

又西七十里，曰丙山，其木多梓、檀，多弞杻[6]。

凡首阳山之首，自首山至于丙山，凡九山，二百六十七里。其神状皆龙身而人面。其祠之：毛用一雄鸡瘗，糈用五种之糈[7]。楮山，冢也，其祠之：少牢具，羞酒祠，婴毛一璧瘗。騩山，帝也，其祠：羞酒，太牢具；合巫祝二人儛，婴一璧。

注释：

1 椐（jū）：也叫灵寿木，古人常用来做拐杖。

2 繁缋（huì）：山名。缋，布帛的两端部分。

3 枝、勾：即前文提到的桃枝、钩端两种丛生的小竹子。

4 跂踵（qǐ zhǒng）：本义指脚趾、脚跟。此处为古动物名，传说出现的地方就会发生瘟疫。

5 鸜鹆（qú yù）：一种鸟，即八哥。

6 弞（shěn）杻：高大的杻树。弞，长、高大。

7 五种之糈（xǔ）：五种粮食。

《中次一十一山经》荆山之首，曰翼望之山。湍水[1]出焉，东流注于济；贶水[2]出焉，东南流注于汉，其中多蛟[3]。其上多松柏，其下多漆梓，其阳多赤金，其阴多珉。

又东北一百五十里，曰朝歌之山。潕水[4]出焉，东南流注于荥[5]，其中多人鱼。其上多梓、楠，其兽多麢、麋。有草焉，名曰莽草[6]，可以毒鱼。

又东南二百里，曰帝囷[7]之山，其阳多㻬琈之玉，其阴多铁。帝囷之水出于其上，潜于其下，多鸣蛇。

又东南五十里，曰视山，其上多韭。有井焉，名曰天井，夏有水，冬竭。其上多桑，多美垩、金、玉。

又东南二百里，曰前山，其木多槠[8]，多柏，其阳多金，其阴多赭。

又东南三百里，曰丰山。有兽焉，其状如猿，赤目、赤喙、黄身，名曰雍和，见则国有大恐。神耕父处之，常游清泠[9]之渊，出入有光，见则其国为败。有九钟焉，是知霜鸣[10]。其上多金，其下多穀、柞、杻、橿。

注释：

1 湍（zhuān）水：水名，在今河南省境内。

2 贶（kuàng）水：水名。

3 蛟：传说像蛇，却有很大的体型，能吞食人。

4 潕（wǔ）水：古水名。

5 荥（xíng）：古水名，在今河南省境内，一说在四川。

6 莽草：即上文所说芒草，又叫鼠芒。

7 帝囷（qūn）：此处为山名。

8 槠（zhū）：槠树，果实可以吃，木质耐腐，常用来做房屋的柱子。

9 泠（líng）：清凉、清冽。

10 是知霜鸣：前人注称“知”当作“和”，应和。句意为应和着霜的降落而鸣响。

又东北八百里，曰兔床之山，其阳多铁，其木多槠芧[1]，其草多鸡谷，其本如鸡卵[2]，其味酸甘，食者利于人。

又东六十里，曰皮山，多垩，多赭，其木多松柏。

又东六十里，曰瑶碧之山，其木多梓楠，其阴多青雘，其阳多白金。有鸟焉，其状如雉，恒食蜚[3]，名曰鸩。

又东四十里，曰攻离之山。淯水[4]出焉，南流注于汉。有鸟焉，其名曰婴勺，其状如鹊，赤目、赤喙、白身，其尾若勺，其鸣自呼。多㸲牛、多羬羊。

注释：

1 槠芧（xù）：槠见前注，芧，栎树之类的。

2 其本如鸡卵：它的根就像鸡蛋。

3 恒食蜚（fēi）：常常吃小虫子。蜚，一种散发臭味的小飞虫。

4 淯（yù）水：河流名，在今河南省境内，也称育水。

又东北五十里，曰袟篙[1]之山，其上多松、柏、机、桓[2]。

又西北一百里，曰堇理之山，其上多松柏，多美梓[3]，其阴多丹雘，多金，其兽多豹虎。有鸟焉，其状如鹊，青身白喙，白目白尾，名曰青耕，可以御疫，其鸣自叫。

又东南三十里，曰依轱[4]之山，其上多杻、橿，多苴[5]。有兽焉，其状如犬，虎爪有甲，其名曰獜[6]，善駚犁[7]，食者不风。

又东南三十五里，曰即谷之山，多美玉，多玄豹，多闾麈，多麢臭。其阳多珉，其阴多青雘。

又东南四十里，曰鸡山，其上多美梓，多桑，其草多韭。

又东南五十里，曰高前之山。其上有水焉，甚寒而清，帝台之浆[8]也，饮之者不心痛。其上有金，其下有赭。

又东南三十里，曰游戏之山，多杻、橿、穀，多玉，多封石。

又东南三十五里，曰从山，其上多松柏，其下多竹。从水出于其上，潜于其下，其中多三足鳖，枝尾[9]，食之无蛊疫[10]。

又东南三十里，曰婴硜[11]之山，其上多松柏，其下多梓、櫄[12]。

又东南三十里，曰毕山。帝苑之水出焉，东北流注于视[13]，其中多水玉，多蛟。其上多㻬琈之玉。

又东南二十里，曰乐马之山。有兽焉，其状如彙，赤如丹火，其名曰狼，见则其国大疫。

又东南二十五里，曰葴山。视水出焉，东南流注于汝水。其中多人鱼，多蛟，多颉。

又东四十里，曰婴山。其下多青雘，其上多金、玉。

又东三十里，曰虎首之山。多苴、椆、椐。

又东二十里，曰婴侯之山。其上多封石，其下多赤锡。

又东五十里，曰大孰之山。杀水出焉，东北流注于视水，其中多白垩。

又东四十里，曰卑山。其上多桃、李、苴、梓，多累。

注释：

1 祑簡（zhì diāo）：传说中的山名。

2 机：指桤树。 桓：即无患树，古人以为这种树有防病祛邪的功能。

3 美梓：优良的梓树。美，质地好。

4 依轱（gū）：古山名。

5 苴：通“柤（zhā）”，柤树，即山楂树。

6 獜（lìn）：传说身体长有鳞甲的怪兽。

7 駚犇（yǎng fèn）：扑腾跳跃的意思。

8 帝台之浆：神仙帝台使用过的水。帝台，治理一方的小天帝，台为此神名。浆，水。

9 枝尾：分叉的尾巴。

10 疫：前人依据上下文注作“疾”。

11 婴硜（zhēn）：古山名。

12 櫄（chūn）：即杶、椿，香椿树。

13 视：前人注称当作“瀙（qìn）”，河流名，在今河南省境内，是汝水的一条支流。下文“雅山”“宣山”等条同。

又东三十里，曰倚帝之山，其上多玉，其下多金。有兽焉，其状如鼣鼠[1]，白耳白喙，名曰狙如，见则其国有大兵。

又东三十里，曰鲵山[2]。鲵水出于其上，潜于其下，其中多美垩[3]。其上多金，其下多青雘。

又东三十里，曰雅山。澧水出焉，东流注于视水，其中多大鱼。其上多美桑，其下多苴，多赤金。

又东五十五里，曰宣山。沦水出焉，东南流注于视水，其中多蛟。其上有桑焉，大五十尺，其枝四衢[4]，其叶大尺余，赤理、黄华、青柎，名曰帝女之桑。

又东四十五里，曰衡山，其上多青雘，多桑，其鸟多鸜鹆。

又东四十里，曰丰山，其上多封石，其木多桑，多羊桃，状如桃而方茎，可以为皮张[5]。

又东七十里，曰妪山[6]，其上多美玉，其下多金，其草多鸡谷[7]。

又东三十里，曰鲜山，其木多楢、杻、苴，其草多亹冬[8]，其阳多金，其阴多铁。有兽焉，其状如膜大[9]，赤喙、赤目、白尾，见则其邑有火，名曰狢即[10]。

又东三十里，曰皋山，其阳多金，其阴多美石。皋水出焉，东流注于澧水，其中多脃石[11]。

又东二十五里，曰大支之山。其阳多金，其木多穀、柞，无草。

又东五十里，曰区吴之山。其木多苴。

又东五十里，曰声匈之山。其木多穀，多玉，上多封石。

又东五十里，曰大騩之山。其阳多赤金，其阴多砥石。

注释：

1 猆（fèi）鼠：传说的一种鼠类。

2 鲵（ní）山：鲵，本义为娃娃鱼。此处为山名。

3 美垩（è）：质地优良的垩石。

4 四衢：指枝叶相互交叉。四，极言各个方位。衢，相交。

5 为皮张：治疗皮肤肿胀。张，同“胀”，皮肤肿胀。

6 妪（yù）山：妪，本义为年纪较大的女性。此处为山名。

7 鸡谷：草名，具体未知。

8 亹（mén）冬：即中草药植物门冬。

9 膜大：前人注称“大”当作“犬”，膜犬古称西膜之犬，体型高大，性凶猛。

10 狢（yí）即：传说中的动物名，出现的地方就会发生火灾。

11 脃（cuì）石：一种质地轻软易碎的石头。脃即“脆”。

又东十里，曰踵臼之山，无草木。

又东北七十里，曰历石[1]之山，其木多荆、芑，其阳多黄金，其阴多砥石。有兽焉，其状如狸，而白首虎爪，名曰梁渠，见则其国有大兵。

又东南一百里，曰求山。求水出于其上，潜于其下，中有美赭。其木多苴，多䈽[2]。其阳多金，其阴多铁。

又东二百里，曰丑阳之山，其上多椆椐[3]。有鸟焉，其状如乌而赤足，名曰駅鵌[4]，可以御火。

又东三百里，曰奥山，其上多柏、杻、橿，其阳多㻬琈之玉。奥水出焉，东流注于视水。

又东三十五里，曰服山，其木多苴，其上多封石，其下多赤锡。

又东三百十里，曰杳山，其上多嘉荣草，多金玉。

又东三百五十里，曰几山，其木多楢、檀、杻，其草多香[5]。有兽焉，其状如彘，黄身、白头、白尾，名曰闻獜，见则天下大风。

凡荆山之首，自翼望之山至于几山，凡四十八山，三千七百三十二里。其神状皆彘身人首。其祠：毛用一雄鸡祈瘗，用一珪，糈用五种之精[6]。禾山[7]，帝也。其祠：太牢之具，羞瘗，倒毛[8]；用一璧，牛无常[9]。堵山、玉山，冢也，皆倒祠[10]，羞毛[11]少牢，婴毛吉玉。

注释：

1 历石：前人注称还作“磨石”。

2 䉋（mèi）：一种丛生的箭竹。

3 椆椐（chóu jū）：椆树和椐树。椆树遇寒而不凋，椐树即灵寿木。

4 鴖鵌（zhǐ tú）：传说中的鸟名。

5 香：有芳香，如前文提到的蘼芜、芍药、川芎之类的。

6 精：前人注称当作“糈”，即祭祀用的五种精米。

7 禾山：可能是误写，因此山系中未出现这座山。

8 倒毛：祭祀完毕之后，把毛物即猪牛羊之类的反倒着埋掉。

9 牛无常：猪牛羊三牲中不一定要有牛。

10 倒祠：祭祀之后把牲畜倒着埋。

11 毛：前人注称当作“用”，后一“毛”字同。

《中次十二经》洞庭山首，曰篇遇之山，无草木，多黄金。

又东南五十里，曰云山，无草木。有桂竹[1]，甚毒，伤人必死。其上多黄金，其下多㻬琈之玉。

又东南一百三十里，曰龟山，其木多榖、柞、椆、椐，其上多黄金，其下多青、雄黄，多扶竹[2]。

又东七十里，曰丙山，多筀竹，多黄金、铜、铁，无木。

又东南五十里，曰风伯之山，其上多金玉，其下多痠石[3]、文石，多铁，其木多柳、杻、檀、楮。其东有林焉，名曰莽浮之林，多美木鸟兽。

又东一百五十里，曰夫夫之山，其上多黄金，其下多青、雄黄，其木多桑、楮，其草多竹、鸡鼓[4]。神于兒居之，其状人身而身[5]操两蛇，常游于江渊，出入有光。

又东南一百二十里，曰洞庭之山，其上多黄金，其下多银铁，其木多柤、梨、橘、櫾，其草多葌、蘪芜、芍药、芎䓖。帝之二女[6]居之，是常游于江渊。澧沅之风，交潇湘之渊，是在九江之间，出入必以飘风暴雨。[7]是多怪神，状如人而载蛇[8]，左右手操蛇。多怪鸟。

又东南一百八十里，曰暴山，其木多棕、楠、荆、芑、竹、箭、䉋、箘[9]，其上多黄金、玉，其下多文石、铁，其兽多麋、鹿、麂[10]，（其鸟多）就[11]。

又东南二百里，曰即公之山，其上多黄金，其下多㻬琈之玉，其木多柳、杻、檀、桑。有兽焉，其状如龟，而白身赤首，名曰蛫[12]，是可以御火。

注释：

1 桂竹：即筀（guì）竹，传说中一种高大的竹子，叶长而大，皮为红色。

2 扶竹：即邛（qióng）竹，可用来做手杖，故名。

3 瘦（suān）石：石头名，具体不详。

4 鸡鼓：即上一山系中提到的鸡谷草。

5 身：前人注称依据上下文当作“手”。

6 帝之二女：尧的两个女儿娥皇、女英，后嫁给舜。

7 句意为从澧水和沅水吹来的风，交会在幽清的湘水渊潭上，这里正是九条江水汇合的中间，她俩出入时都有旋风急雨相伴随。

8 载蛇：缠挂着蛇。载，同“戴”，披挂。

9 箘（jùn）：箭竹一类的植物，中等大小。

10 麂（jǐ）：即麂，一种小型鹿。

11 就：即鹫，一种雕鹰类的大鸟，性凶猛。清人王念孙认为“就”之前应有“其鸟多”三字。

12 蛫（guǐ）：一种怪兽名。

又东南一百五十九里，曰尧山，其阴多黄垩，其阳多黄金，其木多荆、芑、柳、檀，其草多薯藇、莸。

又东南一百里，曰江浮之山，其上多银、砥砺，无草木，其兽多豕，鹿。

又东二百里，曰真陵之山，其上多黄金，其下多玉，其木多穀、柞、柳、杻，其草多荣草[1]。

又东南一百二十里，曰阳帝之山，多美铜，其木多橿、杻、檿[2]、楮，其兽多麢、麝。

又南九十里，曰柴桑之山，其上多银，其下多碧，多泠石、赭，其木多柳、芑、楮、桑，其兽多麋、鹿，多白蛇、飞蛇[3]。

又东二百三十里，曰荣余之山，其上多铜，其下多银，其木多柳、芑，其虫多怪蛇、怪虫[4]。

凡洞庭山之首，自篇遇之山至于荣余之山，凡十五山，二千八百里。其神状皆鸟身而龙首。其祠：毛用一雄鸡、一牝豚刉[5]，糈用稌。凡夫夫之山、即公之山、尧山、阳帝之山，皆冢也，其祠：皆肆瘗[6]，祈用酒，毛用少牢，婴毛一吉玉。洞庭、荣余山，神也，其祠：皆肆瘗，祈酒太牢祠，婴用圭璧十五，五采惠之[7]。

注释：

1 荣草：一种植物，据说可以用来治疗风痹病。

2 檿（yǎn）：一种野生桑树，木质坚硬，可用来做车轮。

3 飞蛇：即传说中的“腾蛇”，据说可以腾云驾雾，也是一种祥瑞之兆。

4 怪虫：怪蛇。古时南方人称蛇为虫。

5 一牝豚钊（jī）：宰杀一头母猪。钊，切割。

6 皆肆瘗：都要陈列牲畜、玉器，再埋入地下。肆，陈列。

7 五采惠之：都要用五种色彩来描绘、装饰。惠，同“绘”，描绘、装饰。

右《中经》之山志，大凡百九十七山，二万一千三百七十一里。

大凡天下名山五千三百七十，居地，大凡六万四千五十六里。

禹曰：天下名山，经五千三百七十山，六万四千五十六里，居地也。言其五臧[1]，盖其余小山甚众，不足记云。天地之东西二万八千里，南北二万六千里，出水之山者八千里，受水者八千里，出铜之山四百六十七，出铁之山三千六百九十。此天地之所分壤树谷也[2]，戈矛之所发也，刀铩之所起也，[3]能者有余，拙者不足。封于太山[4]，禅于梁父[5]，七十二家，得失之数，皆在此内，[6]是谓国用[7]。

右《五臧山经》五篇，大凡一万五千五百三字。

注释：

1 五臧：即五脏。臧，通“脏”。五脏，指人的脾、肺、肾、肝、心等五种主要器官。以人的五种重要器官来比喻重要的山，它们就像大地的五脏一样。

2 句意为这些大山的存在是划分疆域、种植庄稼的主要标准。树谷，种植培育各种农作物。

3 这两句意指天下刀兵产生的主要根源。戈矛、刀铩，既指兵器类实际的物产，也指涉及人事的战争。铩（shā），一种长刃的刀。

4 封于太山：封，古时帝王筑坛祭拜天地四方之神的活动。太山即泰山。

5 禅于梁父：禅是与封同时进行的活动。梁父，地名。

6 句意为帝王一共七十二家，他们兴衰成败的命数，都在于此。数，天命、运势。

7 国用：国家财富用度。

卷六　海外南经

地之所载，六合之间[1]，四海之内，照之以日月，经之以星辰[2]，纪之以四时[3]，要之以太岁[4]，神灵所生，其物异形，或夭或寿，唯圣人能通其道[5]。

海外自西南陬至东南陬者[6]。

结匈国在其西南，其为人结匈[7]。

南山在其东南。自此山来，虫为蛇，蛇号为鱼。[8]一曰南山在结匈东南。

比翼鸟[9]在其东，其为鸟青、赤，两鸟比翼。一曰在南山东。

羽民国[10]在其东南，其为人，长头，身生羽。一曰在比翼鸟东南，其为人，长颊[11]。

有神人二八，连臂，为帝司夜于此野[12]。在羽民东。其为人小颊赤肩，尽十六人[13]。

注释：

1 六合：上、下、东、西、南、北，总称为六合。

2 经：度量、划分界线。古代某个地区的地理位置是参照于天上的星辰，然后依据其具体角度而定的，即所谓“体国经野”。星辰即指天上的二十八宿。唐代王勃《滕王阁序》“星分翼轸”即此类。

3 纪：本为纪年的单位，十二年为一纪。这里做动词计算时间用，古人以春、夏、秋、冬为四时。

4 要之以太岁：要，设定目标，以求与之相符。太岁，即木星，木星公转一周即十二年，为一纪。

5 唯圣人能通其道：郭璞注："言自非穷理尽性者，则不能原极其情变。"道，在古代常有着丰富的含义，可理解为宇宙万物运行的规律。

6 陬（zōu）：相当于"隅"，角落。

7 结匈：匈，即"胸"字。和突出的喉结类似，其国人的胸脯也是突出的。

8 虫为蛇，蛇号为鱼：即以虫为蛇，以蛇为鱼，称呼和中国不同。

9 比翼鸟：传说此鸟一目一翼，雌雄必须成对才能飞行。后来常作为爱情的象征。

10 羽民国：前人郭璞注称："能飞，不能远。卵生。画似仙人也。"以下有几处同样注"画似仙人"。

11 长頰：长长的面颊，頰即脸两侧的部位。

12 司夜于此野：司，掌管。司夜，掌管夜晚的报时。传说此人昼伏而夜出。

13 尽十六人：前人郭璞注称："疑此后人所增益语耳。"十六人，或即前文所指之"二八"。或曰"二八"为神人之名。也有说是神人手臂连在一起，在这旷野中为天帝守夜。这些神人在羽民国的东面，都生得狭小的脸颊和赤红的肩膀，总共有十六个人。

毕方鸟在其东，青水西，其为鸟人面一脚，一曰在二八神东。

讙头[1]国在其南，其为人，人面有翼，鸟喙，方捕鱼。一曰在毕方东。或曰讙朱国。

厌火国[2]在其国南，兽身黑色，生火出其口中，一曰在讙朱东。

三株树在厌火北。生赤水上，其为树如柏，叶皆为珠[3]。一曰其为树若彗[4]。

三苗国[5]在赤水东，其为人相随。一曰三毛国。

䟽国[6]在其东，其为人黄，能操弓射蛇。一曰䟽国在三毛东。

贯匈国[7]在其东，其为人，匈有窍。一曰在䟽国东。

交胫国在其东，其为人交胫[8]。一曰在穿匈东。

不死民在其东，其为人黑色，寿，不死。[9]一曰在穿匈国东。

注释：

1 讙（huān）头：讙，即讙兜。郭璞注："尧臣，有罪，自投南海而死。帝怜之，使其子居南海而祠之，画亦似仙人也。"

2 厌火国：其国人能够口中吐火，故有此名。

3 珠：珍珠，即此树的叶子都是珍珠。

4 若彗：彗，即彗星，拖着一条长长的尾巴，像扫帚一样。这里指树的形状像一把扫帚。

5 三苗国：前人郭璞注称："昔尧以天下让舜，三苗之君非之。帝杀之，有苗之民叛入南海，为三苗国。"可能就是今天西南一带苗族的源头。

6 䟽（zhí）国：传说中的国名。

7 贯匈国：其国人胸前有个洞。贯，洞穿。

8 交胫（jìng）：交叉着腿脚。胫，即小腿。

9 寿，不死：前人郭璞注称："有员丘山，上有不死树，食之乃寿。亦有赤泉，饮之不老。"寿也有注作"考"的，即年龄大。

岐舌国[1]在其东。一曰在不死民东。

昆仑虚在其东，虚四方[2]。一曰在岐舌东，为虚四方。

羿与凿齿[3]战于寿华之野，羿[4]射杀之。在昆仑虚东。羿持弓矢，凿齿持盾，一曰戈。

三首国[5]在其东，其为人一身三首。一曰在凿齿东。

周饶国[6]在其东，其为人短小，冠带。一曰焦侥国，在三首东。

长臂国[7]在其东，捕鱼水中，两手各操一鱼。一曰在焦侥东，捕鱼海中。

狄山[8]，帝尧葬于阳，帝喾[9]葬于阴。爰有熊、罴、文虎[10]、蜼[11]、豹、离朱[12]、视肉[13]、吁咽[14]、文王皆葬其所。一曰汤山。一曰爰有熊、罴、文虎、蜼、豹、离朱、鴟久[15]、视肉、虖交。其范林[16]方三百里。

南方祝融[17]，兽身人面，乘两龙。

注释：

1 岐舌国：其国人舌头是分叉的。或谓“岐”当作“支”，“支”与“反”字形相近。反舌，即舌根朝外而舌尖朝内。

2 虚四方：山基是四方形的。“虚”即“墟”字，山基之土壤。

3 凿齿：前人郭璞注称：“凿齿亦人也，齿如凿，长五六尺，因以名云。”因为牙齿长得像凿子，所以得名。

4 羿：即后羿，以擅长射箭而闻名，传说他曾射下九个太阳，并射死封豨（xī）、修蛇等恶兽。

5 三首国：传说中的国名，其国人一身而三个头。

6 周饶国：“周饶”音与“焦侥”相近，皆是短小之意。前人郭璞注称：“其人长三尺，穴居，能为机巧，有五谷也。”这里的人虽矮小却善于劳作。

7 长臂国：相传其国人手臂可以下垂至地面。

8 狄山：相传尧为了教化民众而北至夷狄，于狄山道中崩殂，故葬于此。

9 帝喾（kù）：相传为尧的父亲，号高辛。

10 文虎：前人注称："雕虎也。"有花纹的老虎。

11 蜼（wěi）：猕猴一类的动物。

12 离朱：一种树木的名字。可能就是三足乌。

13 视肉：前人注称："聚肉。形如牛肝，有两目也，食之无尽，寻复更生如故。"这种传说中的怪兽，割去它的肉可以重新长出来。

14 吁咽（xū yān）：此与下文之"虖（chū）交"，皆不详何物。或谓"吁咽"急读，与"舜"音相近，故"吁咽"指舜。

15 鸱（chī）久：即鸹鹰。

16 范林：又作"氾（fàn）林"，极言树木繁衍而林区扩大。

17 祝融：相传为帝喾时的火官，后传为火神。

卷七　海外西经

海外自西南陬至西北陬者。

灭蒙鸟在结匈国北，为鸟青，赤尾。

大运山高三百仞[1]，在灭蒙鸟北。

大乐之野，夏后启于此儛《九代》[2]，乘两龙，云盖三层[3]。左手操翳[4]，右手操环[5]，佩玉璜[6]。在大运山北。一曰大遗之野。

三身国在夏后启北，一首而三身。

一臂国在其北，一臂一目一鼻孔。有黄马，虎文，一目而一手。

奇肱之国[7]在其北，其人一臂三目，有阴有阳，乘文马。[8]有鸟焉，两头，赤黄色，在其旁。

形天[9]与帝至此争神，帝断其首，葬之常羊之山，乃以乳为目，以脐为口，操干戚[10]以舞。

女祭、女戚在其北，居两水间。戚操鱼䱇[11]，祭操俎[12]。

䲹鸟、䳢鸟，[13]其色青黄，所经国亡。在女祭北。䲹鸟人面，居山上。一曰维鸟，青鸟、黄鸟所集。

注释：

1 仞：古代的计量单位，八尺为一仞。

2 儛《九代》：儛同“舞”。前人郭璞称“九代，马名。儛，谓盘作之，令舞也。”即驾驭马匹，来回盘旋。还有说“九代”为乐章之名。儛九代，即随《九代》之乐章而起舞。

3 三层：三重。

4 翳（yì）：即羽葆，将鸟类的羽毛聚集在一个手柄上，形状如同车盖。

5 环：中间有孔的一种玉器。

6 璜（huáng）：一种半圆形玉器，多在礼仪中使用。传说姜尚于渭水钓得玉璜。

7 奇肱（jī gōng）之国：奇，单个的，非偶数的。肱，肘以下至肩的部分。奇肱国，其国民只有一条胳膊。

8 有阴有阳，乘文马：前人郭璞称："阴在上，阳在下，文马，即吉良也。"说这种人眼睛分为阴阳，阴在上而阳在下。文马又叫吉良马。

9 形天：传说中的无头之神。形，或作"刑"。天，即头，因其居上而近于天。刑天，即砍去脑袋。

10 干戚：干，盾。戚，斧。

11 鳣（shàn）：鲟（xún）鱼的一种，鲟即鲟鱼，又称长鼻鱼，体型较大。

12 俎（zǔ）：切肉时用的砧板。

13 鵹（cì）鸟、鶬（dǎn）鸟：两种鸟名，传说它们经过的地方，这个国家就会有亡国的危险。

丈夫国在维鸟北，其为人衣冠带剑[1]。

女丑之尸，生而十日炙杀之。在丈夫北，以右手鄣其面[2]。十日居上，女丑居山之上。

巫咸国在女丑北，右手操青蛇，左手操赤蛇，在登葆山，群巫所从上下也[3]。

并封在巫咸东，其状如彘，前后皆有首，黑。

女子国[4]在巫咸北，两女子居，水周之。一曰居一门中。

轩辕之国在此穷山之际，其不寿者八百岁。在女子国北。人面蛇身，尾交首上。

穷山在其北，不敢西射，畏轩辕之丘[5]。在轩辕国北。其丘方，四蛇相绕[6]。

此诸天之野，鸾鸟自歌，凤鸟自舞。凤皇卵，民食之；甘露，民饮之，所欲自从也[7]。百兽相与群居。在四蛇北。其人两手操卵食之，两鸟居前导之。

龙鱼陵居在其北，状如狸[8]。一曰鰕[9]。即有神圣乘此以行九野[10]。一曰鳖鱼在夭野北，其为鱼也如鲤。

白民之国在龙鱼北，白身[11]被发。有乘黄[12]，其状如狐，其背上有角，乘之寿二千岁。

肃慎之国在白民北，有树名曰雄常，先入代帝，于此取之。[13]

长股之国[14]在雄常北，被发[15]。一曰长脚。

西方蓐收[16]，左耳有蛇，乘两龙。

注释：

1 衣冠带剑：穿衣戴帽而佩戴宝剑的装扮。衣、带都做动词用。

2 鄣（zhàng）其面：遮盖住面孔。鄣，同"障"，遮盖。

3 所从上下也：因采药而上下往来。

4 女子国：前人郭璞注称："有黄池，女子入浴，出即怀妊矣，若生男子，三岁辄死。周，犹绕也。"即后来众多神话传说中的女儿国。

5 畏轩辕之丘：即害怕黄帝的威灵。古人以为轩辕丘是黄帝威灵所在。

6 相绕：相互缠绕。

7 所欲自从也：前人郭璞注称："言滋味无所不有，所愿得自在。"言其愿望皆能得到满足。又有说法认为"诸夭"即"诸沃"，言其土地肥沃，国人皆能得其所欲。

8 狸：狐狸。前人注称也作“鲤”。

9 鰕（xiā）：古同“虾”，此处指一种体型较大的鲵（ní）鱼，即娃娃鱼。

10 九野：九方之旷野，泛指所有的土地。

11 白身：前人注称：“言其人体洞白。”这里的人通身雪白。

12 乘黄：在此处指一种野兽，可能也是祥瑞之物。

13 先入代帝，于此取之：前人郭璞注称：“其俗无衣服，中国有圣帝代立者，则此木生皮，可衣也。”是说如果有圣王出现，替代了旧的国君，雄树就会长出树皮，供人取作衣服。“代”也有说作“伐”的，指讨伐而夺取之也。

14 长股之国：前人注称：“国在赤水东也，长臂人身如中人，而臂长二丈，以类推之，则此人脚过三丈矣，黄帝时至。或曰长脚人常负长臂人入海中捕鱼也。”黄帝时至，谓黄帝时此人出现过。

15 被发：即披发。被，同“披”。

16 蓐（rù）收：相传为五行中的金神，形状为人面、虎爪、白毛，手执斧钺。

卷八　海外北经

海外自西北陬至东北陬者。

无膂之国在长股东，为人无膂[1]。

钟山之神名曰烛阴[2]。视为昼，瞑[3]为夜，吹为冬，呼为夏。不饮，不食，不息，息[4]为风，身长千里。在无膂之东。其为物面蛇身，赤色，居钟山下。

一目国在其东，一目中其面而居。一曰有手足。

柔利国在一目东，为人一手一足，反膝[5]，曲足居上[6]。一云留利之国，人足反折。

共工[7]之臣曰相柳氏，九首，以食于九山。[8]相柳之所抵，厥为泽溪[9]。禹杀相柳，其血腥，不可以树五谷种。禹厥之，三仞三沮[10]，乃以为众帝之台。在昆仑之北[11]，柔利之东。相柳者，九首人面，蛇身而青。不敢北射，畏共工之台。台在其东。台四方，隅有一蛇，虎色，首冲[12]南方。

注释：

1 为人无膂（qǐ）：前人郭璞注称："膂，肥肠也。其人穴居，食土，无男女，死即埋之，其心不朽，死百廿岁乃复更生。"肥肠，即今俗称的"小腿肚"。另有说膂同"启"，后代，句意即没有后代的意思。

2 烛阴：即烛龙也。烛，动词，谓照亮阴暗。

3 瞑（míng）：闭上眼睛。

4 息：气息，这里指呼吸。

5 反膝：膝盖骨长在后面。

6 曲足居上：意为脚弓向上。曲足，即脚弓。

7 共工：神话中的天神，与颛顼争帝，失败后，一怒之下撞断了支撑大地的柱子——不周山，从此大地的西边高而东边低。传说他曾霸有九州。

8 九首，以食于九山：谓每一首各食一山也，说明相柳氏十分贪婪。相柳氏即下文提到的相繇（yáo）氏。

9 厥为泽溪：意为相柳氏所到之地，就会变成大泽、溪流。厥，则、就。

10 三仞三沮：三，表示多次。仞，通“牣（rèn）”，填充。沮（jǔ），毁坏。这里指，禹将相柳所毁之处重新填充和挖补，因为不能种植五谷，就只好筑成高台。

11 昆仑之北：前人郭璞注称：“此昆仑山在外海者。”即此昆仑和前文《山经》中提到的“昆仑之山”名同而实异。

12 冲：向着、对着。

深目[1]国在其东，为人，举一手一目，在共工台东。

无肠之国在深目东，其为人长而无肠。

聂耳[2]之国在无肠国东，使两文虎，为人两手聂其耳。县居[3]海水中，及水所出入奇怪物。两虎在其东。

夸父与日逐走[4]，入日[5]，渴，欲得饮，饮于河、渭[6]；河、渭不足，北饮大泽。未至，道渴而死。弃其杖，化为邓林[7]。

博父国在聂耳东，其为人大[8]，右手操青蛇，左手操黄蛇。邓林在其东，二树木。一曰博父。

禹所积石之山在其东，河水所入[9]。

拘缨之国在其东，一手把缨[10]。一曰利缨之国。

寻木长千里，在拘缨南，生河上西北。

跂踵国[11]在拘缨东，其为人大，两足亦大。一曰大踵。

欧丝[12]之野在大踵东，一女子跪据树[13]欧丝。

三桑无枝，在欧丝东，其木长百仞，无枝。

注释：

1 深目：谓眼眶凹陷较深。

2 聂耳：聂，通"摄"，用手提拉着，是说耳朵太长，得用手提着。

3 县居：前人注称"县，犹邑也。"是海中之生活与陆地相似，亦有郡县之类。另一种说法是"县"当作"悬"，悬浮在海上的意思。

4 与日逐走：与太阳竞逐赛跑。

5 入日：在太阳落山之前赶上了太阳。

6 河、渭：黄河、渭河。

7 邓林：即桃林。

8 大：指身材高大。

9 河水所入：河在此处特指黄河。黄河水发源处，是在新疆、甘肃一带潜行地下，即暗渠，当地称之为"坎儿井"。

10 把缨：把，扶着。缨，又作瘿（yīng）。瘿，俗称大脖子病。这里的人身上长着瘿瘤，走路要用手扶着。

11 跂踵（qǐ zhǒng）国：这里的人走路脚跟不着地。

12 欧丝：即"呕丝"，吐丝也。欧，同"呕"，吐。

13 据树：靠着树。

范林方三百里，在三桑东，洲环其下。

务隅之山，帝颛顼葬于阳[1]，九嫔葬于阴[2]。一曰爰有熊、罴、文虎、离朱、鴟久、视肉。

平丘在三桑东，爰有遗玉[3]、青鸟、视肉、杨柳、甘柤、甘华，[4]百果所生，有两山夹上谷，二大丘居中，名曰平丘。

北海内有兽，其状如马，名曰騊駼[5]。有兽焉，其名曰駮[6]，状如白马，锯牙，食虎豹。有素兽焉，状如马，名曰蛩蛩[7]。有青兽焉，状如虎，名曰罗罗。

北方禺强[8]，人面鸟身，珥[9]两青蛇，践[10]两青蛇。

注释：

1 颛顼（zhuān xū）葬于阳：传说中的五帝之一，为黄帝之孙，居于帝丘。阳，山南水北为阳，以其向阳也。

2 九嫔葬于阴：九嫔，颛顼的九个嫔妃。阴，山北水南为阴，以其背阴也。

3 遗玉：一种玉石。或谓即“琥珀”之类，以其深埋地下，有若遗焉。古人传说这种玉石先由松枝在千年之后化为伏苓，再过千年之后化为琥珀，又过千年之后化为遗玉。

4 甘柤（zhā）、甘华：前人郭璞注：“其树枝干皆赤，黄华，白叶，黑实。”甘柤和甘华两种树都有红色的树干、开黄色的花、结黑色的果实。华，即“花”字。

5 騊駼（táo tú）：一种野马。

6 駮（bó）：即“驳”字。一种白色的像马一样的怪兽，长着锯形牙齿，可以猎食虎豹。

7 蛩（qióng）蛩：一种白色的像马一样的野兽，善跑。

8 禺（yú）强：即玄冥，传说他是水神。

9 珥（ěr）：本义为用来装饰耳朵的玉配饰，这里用作动词，佩戴的意思。

10 践：脚下踩着。

卷九　海外东经

海外自东南陬至东北陬者。

瑳丘[1]，爰有遗玉、青马、视肉、杨柳、甘柤、甘华，甘果所生。在东海，两山夹丘，上有树木。一曰嗟丘。一曰百果所在，在尧葬东。

大人国在其北，为人大，坐而削船[2]。一曰在瑳丘北。

奢比之尸[3]在其北，兽身、人面、大耳，珥两青蛇[4]。一曰肝榆之尸在大人北。

君子国在其北，衣冠带剑，食兽，使二文虎在旁，其人好让不争[5]。有薰华草，朝生夕死。一曰在肝榆之尸北。

䖝䖝[6]在其北，各有两首。一曰在君子国北。

朝阳之谷，神曰天吴，是为水伯。在䖝䖝北两水间。其为兽也，八首人面，八足八尾，皆青黄[7]。

注释：

1 瑳（jiē）丘：地名，前人注称还作“发丘”“嗟丘”“华丘”。

2 削船：前人注称：“削当读若稍，削船谓操舟也。”即划船。也有人以为削当读为本字，即削（刻）木为舟之义。

3 奢比之尸：古神名。古时含“尸”“祝”字的多是鬼神名。

4 珥（ěr）两青蛇：用蛇贯穿耳朵作为装饰。

5 好（hào）让不争：喜好谦让，不事争夺。

6 䖝（hóng）䖝：即虹霓、彩虹。俗称美人红，成对出现，色彩艳丽的叫虹，朴素黯淡的叫霓。

7 皆青黄：皆，当作“背”。背部的颜色青中带黄。

青丘国[1]在其北。其狐四足九尾。一曰在朝阳北。

帝命竖亥[2]步，自东极至于西极，五亿十选[3]九千八百步。竖亥右手把筭[4]，左手指青丘北。一曰禹令竖亥。一曰五亿十万九千八百步。

黑齿国在其北，为人黑[5]，食稻啖蛇，一赤一青，在其旁。一曰在竖亥北，为人黑首，食稻使蛇，其一蛇赤。

下有汤谷[6]。汤谷上有扶桑，十日所浴，在黑齿北。居水中，有大木，九日居下枝，一日居上枝。[7]

雨师妾[8]在其北。其为人黑，两手各操一蛇，左耳有青蛇，右耳有赤蛇。一曰在十日北，为人黑身人面，各操一龟。

玄股之国[9]在其北。其为人，衣鱼食鷗[10]，使两鸟夹之。一曰在雨师妾北。

毛民之国[11]在其北。为人身生毛。一曰在玄股北。

劳民国[12]在其北，其为人黑。或曰教民。一曰在毛民北，为人面目手足尽黑。

东方句芒[13]，鸟身人面，乘两龙。

建平元年四月丙戌，待诏太常属臣望校治，侍中光禄勋臣龚、侍中奉车都尉光禄大夫臣秀领主省。[14]

注释：

1 青丘国：前人郭璞注称：“其人食五谷，衣丝帛。”此国之人与中原生活习俗相差不大。

2 竖亥：传说中善于行走的人。

3 选（suàn）：数词，万。十选即十万。

4 筭：即“算”字，古代计数用的工具，长六寸。

5 为人黑：《太平御览》卷九百三十三“鳞介”部“蛇”类下，引有此段文字，“黑”字下，原有“齿”字，当据补。为人黑齿，这里的人牙齿是黑色的。

6 汤（yáng）谷：山谷中的水很热，因此称为汤谷。也称旸（yáng）谷。汤，沸腾的水。

7 九日居下枝，一日居上枝：先民传说天有十日，十日轮流升空，一日升空，接下来要升空的太阳便在扶桑树上等待。

8 雨师妾：国名，而非指雨神之妾。

9 玄股之国：这里的人大腿以下全是黑色的，故名。玄，黑色。股，大腿。

10 衣鱼食鴎：衣鱼，以鱼皮为衣，衣在这里做动词用。鴎，一种水鸟，前人有注作“鸥”字。

11 毛民之国：这里的人个头矮小、浑身长毛。

12 劳民国：前人注称：“食果草实也，有一鸟两头。”是说这里的风土民情。

13 句（gōu）芒：前人注称：“木神也，方面素服。”方面，即面方，脸呈方形。素服，白色衣裳。

14 此段文字或是汉代人校勘时，因工作流程而留下的记录。建平，汉哀帝年号，建平元年即公元前 6 年。校治，谓校勘工作的实际操作者。主省，指汉代王龚、刘歆二人，项目之领衔者、主管者。汉代刘向、刘歆父子在古籍整理方面作了很大贡献，其创立之目录学在古典文献研究方面意义重大。

卷十　海内南经

海内东南陬以西者[1]。

瓯[2]居海中。闽[3]在海中，其西北有山。一曰闽中山在海中。

三天子鄣山在闽西海北。一曰在海中。

桂林八树[4]在番隅东。

伯虑国、离耳国、雕题国、北朐国[5]皆在郁水南。郁水出湘陵南海。一曰相虑。

枭阳国在北朐之西。其为人，人面长唇[6]，黑身有毛，反踵，见人则笑，左手操管。

兕[7]在舜葬东，湘水南，其状如牛，苍黑，一角。

苍梧之山[8]。帝舜[9]葬于阳，帝丹朱[10]葬于阴。

氾林方三百里，在狌狌东。

狌狌知人名，其为兽，如豕而人面。在舜葬西。

狌狌西北有犀牛，其状如牛而黑。

注释：

1 海内东南陬以西者：前人郭璞注称："从南头起之也。"是说以下文字，按地理方位，从南端开始，从东往西记述。这和前文《山经》部分略有不同。

2 瓯（ōu）：古地名，在今浙江温州一带。

3 闽：今福建福州一带。

4 桂林八树：前人郭璞注称："八树而成林，言其大也。" 番隅：今广州一带。

5 北朐（qú）国：国名。与前面三个国一样，均在郁水南岸。

6 人面长唇：前人郭璞注引《周书》曰："笑则上唇掩其面。"即这里的人嘴唇很长。

7 兕（sì）：犀牛。

8 苍梧之山：即九嶷（yí）山，在今湖南省宁远县。

9 帝舜：五帝之一，姚姓，名重华。相传尧禅位于他。

10 帝丹朱：即尧之子丹朱，叛乱失败后而被流放。前人认为此处仍尊称他为"帝"，是对失败了的丹朱抱有同情之心。

夏后启之臣曰孟涂，是司神于巴[1]。人请讼[2]于孟涂之所，其衣有血者乃执之[3]，是请生[4]。居山上，在丹山西。丹山在丹阳南，丹阳居属也。

窫窳[5]龙首，居弱水中，在狌狌知人名[6]之西，其状如龙首，食人。

有木，其状如牛，引之有皮，若缨、黄蛇。[7]其叶如罗，其实如栾[8]，其木若蓲[9]，其名曰建木。在窫窳西弱水上。

氐人国在建木西，其为人，人面而鱼身，无足。

巴蛇食象[10]，三岁而出其骨，君子服之，无心腹之疾。其为蛇，青黄赤黑，一曰黑蛇青首，在犀牛西。

旄马[11]，其状如马，四节有毛。在巴蛇西北，高山南。

匈奴[12]、开题[13]之国、列人之国并在西北[14]。

注释：

1 司神于巴：做巴地的神主。司神，类似于今天负责审判、裁决的人。

2 请讼：听其是非，断其曲直。

3 其衣有血者乃执之：如果是理屈的一方，其衣服上就会出现血迹，因此而被捕。

4 是请生：郭璞注称："言好生也。"意为这样就不会出现冤案而有好生之德。

5 窫窳（yà yǔ）：一种怪兽，长着龙一样的头，传说本为人，被贰负及其臣子危所杀便化为怪兽。

6 知人名：前人注称"知人名"三字可能是误多出来的。

7 引之有皮，若缨、黄蛇：前人郭璞注称："言牵之皮剥如人冠缨及黄蛇状也。"即一拉就剥落下树皮，样子像冠帽上缨带、黄色蛇皮。

8 栾（luán）：传说中的树，树根黄色，树枝红色，树叶青色。

9 蓲（ōu）：即今之刺榆树。

10 巴蛇食象：极言这种蛇的庞大。今成语"巴蛇吞象"即来源于此，比喻人心的贪婪。

11 旄（máo）马：前人注以为"旄"即"髦"字，髦马，长有长毛的马。

12 匈奴：又称"猃狁（xiǎn yǔn）"，《诗经》有载，是生活在我国北方的少数民族，无耕地城郭，逐水草而居。

13 开题：及下文"列人"，都是国名，具体不详。

14 并在西北：前人郭璞注称："三国并在旄马西北。"即这三个国都在旄马所在地的西北方向。

卷十一　海内西经

海内西南陬以北者。

贰负之臣曰危，危与贰负杀窫窳。帝乃梏[1]之疏属之山，桎其右足，反缚两手与发[2]，系之山上木。在开题西北。

大泽方百里，群鸟所生及所解[3]。在雁门北。

雁门山，雁出其间，在高柳北。高柳在代北。

后稷之葬，山水环之[4]。在氐国西。

流黄酆氏之国[5]，中方[6]三百里，有涂[7]四方，中有山，在后稷葬西。

流沙[8]出钟山，西行又南行昆仑之虚[9]，西南入海黑水之山。

东胡[10]在大泽东。

夷人在东胡东。

貊国[11]在汉水东北。地近于燕，灭之。

注释：

1 梏（kù）：拘系、绑缚。常与下文的“桎”连用，是古代木制的一种类似手拷的刑具。

2 反缚两手与发：将两手与头发捆绑在一起。

3 所生及所解：生，繁衍生育。解，鸟类换羽毛。

4 山水环之：前人郭璞注称：“在广都之野。”意思是说此地山水环绕。

5 酆（fēng）氏之国：传说中的国名。

6 中方：国都之内。

7 涂：通“途”，道路。

8 流沙：流动的沙丘。

9 虚：通“墟”，大的山丘。

10 东胡：东部少数民部的统称。

11 貊（mò）国：据前人注，其国在长城之北。

孟鸟在貊国东北，其鸟文赤、黄、青，东乡。

海内昆仑[1]之虚在西北，帝之下都。昆仑之虚方八百里，高万仞。上有木禾[2]，长五寻[3]，大五围。面有九井，以玉为槛[4]，面有九门，门有开明兽守之，百神之所在。在八隅之岩[5]，赤水之际，非仁羿莫能上冈之岩。

赤水出东南隅，以行其东北。西南流注南海厌火东[6]。

河水出东北隅，以行其北，西南又入渤海，又出海外，即西而北，入禹所导积石山[7]。

洋水、黑水出西北隅。以东，东行，又东北，南入海，羽民南。

弱水[8]、青水出西南隅，以东，又北，又西南，过毕方鸟东。

昆仑南渊[9]深三百仞。开明兽身大类虎而九首，皆人面，东向立昆仑上。

开明西有凤皇、鸾鸟、皆戴蛇、践蛇，膺[10]有赤蛇。

注释：

1 海内昆仑：前人注称“言‘海内’者，明海外复有昆仑山”。这里提到海内昆仑，很可能还存在“海外昆仑”，这与整部《山海经》的内容是符合的。

2 木禾：一种谷类，生长在黑水边，可以食用。

3 五寻：寻为计量单位，古代八尺为一寻。

4 槛：井栏。

5 在八隅之岩：在八方山岩之间。八，用数字泛指全面。

6 西南流注南海厌火东：又转向西南流而注到南海厌火国的东边。此句语焉不详，前人以为很可能是误多出来的。

7 禹所导积石山：郭璞注称："禹治水复决疏出之，故云导河积石。"是说鲧用围堵之法治水，禹则用疏导的办法。

8 弱水：郭璞引《汉书·西域传》云："乌弋国去长安万五千余里，西行可百余日，至条枝国，临西海，长老传闻，有弱水西王母云。"弱水在遥远的西方。

9 南渊：前人注称即"灵渊"。

10 膺（yīng）：胸脯。

开明北有视肉、珠树、文玉树[1]、玗琪[2]树、不死树[3]。凤皇、鸾鸟皆戴瞂[4]。又有离朱、木禾、柏树、甘水[5]、圣木[6]、曼兑[7]，一曰挺木牙交。

开明东有巫彭、巫抵、巫阳、巫履、巫凡、巫相[8]，夹窫窳之尸，皆操不死之药以距之[9]。窫窳者，蛇身人面，贰负臣所杀也。

服常树，其上有三头人，伺琅玕树[10]。

开明南有树鸟，六首，蛟[11]、蝮、蛇、蜼、豹、鸟秩树，于表池树木[12]，诵鸟[13]、鶽[14]、视肉。

注释：

1 文玉树：五彩玉树。

2 玗琪（yú qí）：红色的玉石。

3 不死树：传说吃了此树的果实可以长生不死。

4 瞂（fá）：盾，古时主要用来防御的一种武器。

5 甘水：即醴泉，其水甘甜。

6 圣木：服食它能使人变得聪慧绝伦。

7 曼兑：前人郭璞注称“未详”。或谓“圣木曼兑”当合读，“曼兑”即“圣木”之名。

8 巫彭……巫相：皆巫医之类。《楚辞·招魂》有“帝告巫阳”之语。上古时期巫的活动常常和医术相关联。

9 操不死之药以距之：手捧不死药抗拒死气，使之复活。距，通“拒”，抗拒。

10 琅玕（làng gān）树：珠玉。此树的果实即为珠玉。张衡《四愁诗》有“美人赠我青琅玕”之语。上下文中的“服常树”“鸟秩树”，皆树之名，其形未详。

11 蛟：龙类，似蛇，有四足。

12 于表池树木：前人郭璞注称“言列树以表池”。表，标识。

13 诵鸟：前人郭璞注称“鸟名，形未详”。也有说是鹦鹉。

14 鶽（sǔn）：雕类，一种猛禽。

卷十二　海内北经

海内西北陬以东者。

蛇巫之山，上有人操柸[1]而东向立。一曰龟山。

西王母梯几而戴胜杖[2]，其南有三青鸟，为西王母取食。在昆仑虚北。

有人曰大行伯，把戈。其东有犬封国。贰负之尸在大行伯东。

犬封国曰犬戎国，状如犬。有一女子，方跪进柸食[3]。有文马，缟身朱鬣，[4]目若黄金，名曰吉量，乘之寿千岁。

鬼国在贰负之尸北，为物，人面而一目。一曰贰负神在其东，为物，人面蛇身。

蜪犬[5]如犬，青，食人从首始。

穷奇状如虎[6]，有翼，食人从首始，所食被发，在蜪犬北。一曰从足。

帝尧台、帝喾台、帝丹朱台、帝舜台[7]，各二台，台四方，在昆仑东北。

大蜂其状如蜂。朱蛾[8]其状如蛾，蟜[9]，其为人虎文，胫有䏿[10]，在穷奇东。一曰状如人。昆仑虚北所有。

阘非[11]，人面而兽身，青色。

据比之尸[12]，其为人，折颈，披发，无一手。

环狗，其为人，兽首人身。一曰猬，状如狗，黄色。

袜[13]，其为物，人身、黑首、从目[14]。

戎，其为人，人首三角。

注释：

1 柸：前人注称“或作‘棓’，字同”。棓（bàng），同“棒”，即棍棒。或写作“杯”，即酒杯。

2 梯几而戴胜杖：前人注称“梯，谓凭也”。即凭靠、依靠。几，矮小的桌子。胜杖，一种装饰物。

3 柸食：即酒食。柸，古同“杯”，盛酒器，此处可借指酒。食，谓食物。

4 有文马，缟身朱鬣：文马有白色的身子，红色的鬣毛。据《史记·周本纪》所载，文马为周文王时，犬戎所献。缟，白色。

5 蜪（táo）犬：传说中的怪兽，全身青色，吃人。

6 穷奇状如虎：穷奇的形状像老虎。前人注还称“毛如猬”。

7 帝尧台……帝舜台：郭璞称：“此盖天子巡狩所经过，夷狄慕圣人恩德，辄共为筑立台观，以标显其遗迹也。”帝尧等狩猎经过之处，这些国人筑台以表怀念。

8 朱蛾：前人郭璞注称：“蛾，蚍蜉也。”蚍蜉体型较小，故后来常比喻人或物的微小无力。

9 蟜（jiǎo）：传说中的野人，身上有花纹。

10 腎（qǐ）：小腿肚。

11 阘（tà）非：人面兽身，通体青色的一种人。

12 据比之尸：据下文所述，此部落之人当时或许遭到了屠杀。“无一手”，可能是砍去手臂，作为战功的凭证，与后世“割耳”类似。

13 袜（mèi）：同“魅”，鬼魅。

14 从目：从，通“纵”。即眼睛是竖着长的。

林氏国有珍兽，大若虎，五彩毕具，尾长于身，名曰驺吾，乘之日行千里。

昆仑虚南所，有氾林方三百里。

从极之渊，深三百仞，维冰夷恒都焉[1]。冰夷人面，乘两龙。一曰忠极之渊。

阳汙之山，河出其中；凌门之山，河出其中[2]。

王子夜之尸[3]，两手、两股、胸、首、齿皆断异处。

舜妻登比氏生宵明、烛光[4]，处河大泽，二女之灵能照此所方百里。一曰登北氏。

盖国在钜燕南，倭[5]北，倭属燕。

朝鲜在列阳东[6]，海北山南[7]。列阳属燕。

列姑射[8]在海河州中。

射姑国在海中，属列姑射，西南，山环之。

大蟹[9]在海中。

陵鱼人面，手足[10]，鱼身，在海中。

大鯾[11]居海中。

明组邑[12]居海中。

蓬莱山[13]在海中。

大人之市在海中。

注释：

1 维冰夷恒都焉：维，语助词，无实义。冰夷，即河伯。都，居处。（这里是）河伯居住的地方。

2 河出其中：指阳汙、凌门两山都是黄河支流的发源地。

3 王子夜之尸：王子夜，即王亥。此句是说王亥被杀害后的情况。

4 宵明、烛光：因为二女之灵能发光，故以此命名。

5 倭：即今日本。前人注称："倭国在带方东大海内，以女为主。其俗露紒，衣服无针功，以丹朱涂身。不妒忌，一男子数十妇也。"带方，东汉时设置的行政区化，在今朝鲜凤山附近。紒（jì），发髻。

6 朝鲜在列阳东：朝鲜，即今朝鲜半岛。前人注称："朝鲜今乐浪县，箕子所封也。列，亦水名也。"

7 海北山南：位于大海之北，大山之南。

8 列姑射（yè）：山名，传说山有神人。

9 大蟹：传说一种方圆千里的大螃蟹。

10 手足：像手一样的脚。

11 鳊（biān）：即鲂鱼。《尔雅》郭璞注云："江东人呼鲂鱼为鳊。"鲂（fáng），一种身体扁平的鱼。

12 明组邑：即指居住在海岛上的名为明组的部落。邑，聚落。

13 蓬莱山：传说中神仙居住的山。

卷十三　海内东经

海内东北陬[1]以南者。

钜[2]燕在东北陬。

国在流沙中者埻端、玺唤，在昆仑虚东南。一曰海内之郡，不为郡县[3]，在流沙中。

国在流沙外者，大夏、竖沙、居繇、月支[4]之国。

西胡白玉山在大夏东，苍梧在白玉山西南，皆在流沙西，昆仑虚东南。昆仑山在西胡西，皆在西北。

雷泽[5]中有雷神，龙身而人头，鼓其腹[6]。在吴西。

都州在海中，一曰郁州。

琅邪台[7]在渤海间，琅邪之东。其北有山，一曰在海间。

韩雁在海中，都州南。

始鸠[8]在海中，辕厉南。

会稽山在大楚南。

注释：

1 陬（zōu）：角落。

2 钜：通“巨”，巨大。

3 不为郡县：不设置郡县进行管理。

4 居繇（yáo）、月（ròu）支：皆古国名，在中国西北部。

5 雷泽：雷神所居之大泽。

6 鼓其腹：鼓，鼓动。意思是说雷神鼓动他的肚子，就会产生打雷的声音。

［日本］佚名《怪奇鸟兽图卷》（局部）

［日本］佚名《怪奇鸟兽图卷》（局部）

7 琅邪台：前人郭璞注称："越王勾践入霸中国之所都。"

8 始鸠：古国名，最初可能是鸟名。

岷三江：首大江，出汶山，北江出曼山，南江出高山。高山在城（成）都西，入海，在长州南。

浙江出三天子都，在其（蛮）东，在闽西北，入海，余暨南。

庐江出三天子都。入江，彭泽西。一曰天子鄣。

淮水出余山，余山在朝阳东，义乡西，入海，淮浦北。

湘水出舜葬东南陬，西环之，入洞庭下。一曰东南西泽。

汉水出鲋鱼之山。帝颛顼葬于阳，九嫔葬于阴，四蛇卫之。

濛水出汉阳西，入江，聂阳西。

温水出崆峒。崆峒山在临汾南，入河，华阳北。

颍水出少室，少室山在雍氏南，入淮西鄢北。一曰缑氏。

汝水出天息山，在梁勉乡西南，入淮极西北，一曰淮在期思北。

泾水出长城北山，山在郁郅、长垣北，北入渭，戏北。

渭水出鸟鼠同穴山，东注河，入华阴北。

白水出蜀，而东南注江，入江州城下。

沅水山出象郡镡城西，入东注江，入下隽西，合洞庭中。

赣水出聂都东山，东北注江，入彭泽西。

泗水出鲁东北而南，西南过湖陵西，而东南注东海，入淮阴北。

郁水出象郡，而西南注南海，入须陵东南。

肄水出临晋（武）西南，而东南注海，入番禺西。

潢水出桂阳西北山，东南注肄水，入敦浦西。

洛水出（上）洛西山，东北注河，入成皋之西。

汾水出上窳北，而西南注河，入皮氏南。

沁水出井陉山东，东南注河，入怀东南。

济水出共山南东丘，绝钜鹿泽，注渤海，入齐琅槐东北。

潦水出卫皋东，东南注渤海，入潦阳。

虖沱水出晋阳城南，而西至阳曲北，而东注渤海，入越章武北。

漳水出山阳东，东注渤海，入章武南。[1]

建平元年四月丙戌，待诏太常属臣望校治，侍中光禄勋臣龚、侍中奉车都尉光禄大夫臣秀领主省。[2]

注释：

1 此段文字与《海内东经》语境、文例皆不合。前人怀疑此非《山海经》原文，而是《水经》中文字。但因诸多底本已存有此段文字，故仍保留。

2 前文《海外东经》中有与此段文字相同的一段。

卷十四　大荒东经

东海之外有大壑[1]，少昊[2]之国。少昊孺[3]帝颛顼于此，弃其琴瑟[4]。有甘山者，甘水出焉，生甘渊。

大荒东南隅有山，名皮母地丘。

东海之外，大荒之中，有山名曰大言，日月所出。

有波谷山者，有大人之国。有大人之市，名曰大人之堂。有一大人踆[5]其上，张其两耳。

有小人国，名靖人。

有神，人面兽身，名曰犁䰠[6]之尸。

有潏山[7]，杨水出焉。

有蒍国[8]，黍食，使四鸟[9]：虎、豹、熊、罴。

大荒之中有山，名曰合虚，日月所出。

有中容之国，帝俊[10]生中容，中容人食兽、木实，使四鸟：豹、虎、熊、罴。

有东口之山。有君子之国，其人衣冠、带剑。

注释：

1 大壑：壑，深谷。此处泛指我国东部的海域。《列子》："渤海之东，不知几亿万里，有大壑焉，实惟无底之谷。"即指此。

2 少昊：传说中的古帝王，名挚，以五行中的"金"德而称王，故号称"金天氏"。

3 孺：通"乳"，抚养、养育的意思。

4 弃其琴瑟：清人郝懿行注称："此言少皞孺养帝颛顼于此，以琴瑟为戏弄之具而留遗于此也。”即少昊养育颛顼时使用的玩物遗失在这里。

5 踆（dūn）：同“蹲”。

6 犁䰱（líng）：古神名。

7 潏（yù）山：古山名。

8 蒍（wěi）国：古国名。

9 鸟：这里指兽，上古鸟兽统称。

10 帝俊：即帝舜，前人注称“俊”为“舜”的假音。

有司幽[1]之国。帝俊生晏龙，晏龙生司幽。司幽生思士，不妻；思女，不夫。[2]食黍，食兽，是使四鸟。

有大阿之山者。

大荒中有山，名曰明星，日月所出。

有白民之国。帝俊生帝鸿，帝鸿生白民。白民销姓，黍食，使四鸟：虎、豹、熊、罴。

有青丘之国，有狐，九尾。

有柔仆民，是维嬴土之国[3]。

有黑齿之国。帝俊生黑齿[4]，姜姓，黍食，使四鸟。

有夏州之国。

有盖余之国。

有神人，八首人面，虎身十尾，名曰天吴[5]。

大荒之中有山，名曰鞠陵于天、东极、离瞀[6]，日月所出。名曰折丹[7]——东方曰折；来风曰俊——处东极以出入风。

东海之渚中有神，人面鸟身，珥两黄蛇，践两黄蛇，名曰禺虢[8]。黄帝生禺虢，禺虢生禺京[9]。禺京处北海，禺虢处东海，是惟海神。

注释：

1 司幽：主管黑暗之神。司，主管。

2 不妻、不夫：即不用行男女之事，通过神交感孕生子。

3 维嬴土之国：维，句首语助词。嬴土，肥沃的土地。

4 帝俊生黑齿：帝舜生来牙齿发黑。

5 天吴：水神。

6 离瞀（mào）：瞀，视野。离开了视野，谓山陵高袤，无法尽览也。上文“鞠陵于天”“东极”二山，皆是山大之意。

7 折丹：传说中的神名。

8 禺虢：神人名。

9 禺京：即禺强，北海之神。

有招摇山，融水出焉。有国曰玄股[1]，黍食，使四鸟。

有困民国，勾姓而食[2]。有人曰王亥[3]，两手操鸟，方食其头。王亥托于有易、河伯仆牛[4]，有易杀王亥，取仆牛。河念有易[5]，有易潜出，为国于兽，方食之，名曰摇民。[6]帝舜生戏，戏生摇民。

海内有两人，名曰女丑[7]。女丑有大蟹[8]。

大荒之中有山，名曰孽摇颓羝[9]，上有扶木，柱三百里，[10]其叶如芥。有谷，日温源谷。汤谷上有扶木，一日方至，一日方出，[11]皆载于乌[12]。

有神，人面，犬耳，兽身，珥两青蛇，名曰奢比尸。

有五采之鸟，相乡弃沙[13]。惟帝俊下友[14]，帝下两坛，采鸟是司。

注释：

1 有国曰玄股：其人大腿以下皆为黑色。

2 勾姓而食：清人郝懿行注称："'勾姓'下，'而食'上，当有阙脱。"袁珂认为"而"当作"黍"字，"勾姓，黍食"，即此国人都姓勾，以黍为食。

3 王亥：殷族的七世祖。

4 王亥托于有易、河伯仆牛：有易、河伯为人名。仆，同"朴"，大。意为王亥把一群肥牛寄托在有易氏、河伯那里。

5 河念有易：前人注称"河"字下当脱一"伯"字，即"河伯念有易"。念，哀念。

6 这段传说大意是：王亥所托之人（有易）反而将王亥杀害，王亥的后人便来报仇，杀害了有易的族人，而河伯对有易表示同情，就暗地里帮助有易出逃，并帮他在野兽出没的地方建立国家，而这些人被称为"摇民"。

7 女丑：可能是女巫之类。前文曰"有两人"，此处仅叙述一人，当是原文脱落所致。

8 大蟹：传说中长达千里的大蟹类。

9 孽摇頵羝（yūn dī）：山名。

10 上有扶木，柱三百里：扶木，即扶桑树，传说太阳从此处升起。柱，作动词用，竖起。

11 一日方至，一日方出：描述几个太阳轮流出现的样子。

12 乌：三足乌，神话中栖息在太阳里的有三只脚的乌鸦。

13 相乡弃沙：乡，通"向"，前人注称"弃沙"是"婆娑"之误字。相向婆娑，意为五彩之鸟羽毛飘举的样子。

14 下友：从天而下，与之（五彩鸟）交友。

大荒之中有山，名曰猗天苏门，日月所生[1]。有壎民[2]之国。

有綦山[3]，又有摇山。有䰝山，又有门户山，又有盛山，又有待山。有五采之鸟。

东荒之中有山，名曰壑明俊疾，日月所出。有中容之国。

东北海外又有三青马、三骓[4]、甘华，爰有遗玉、三青鸟、三骓、视肉、甘华、甘柤，百谷所在。

有女和月母[5]之国。有人名曰𪈉[6]——北方曰𪈉，来之风曰𤟤[7]——是处东极隅以止日月，使无相间[8]出没，司其短长[9]。

大荒东北隅中有山，名曰凶犁土丘。应龙[10]处南极，杀蚩尤与夸父，不得复上，故下数旱[11]，旱而为应龙之状[12]，乃得大雨。

东海中有流波山，入海七千里。其上有兽，状如牛，苍身而无角，一足，出入水则必风雨，其光如日月，其声如雷，其名曰夔[13]。黄帝得之，以其皮为鼓，橛[14]以雷兽之骨，声闻五百里，以威天下。

注释：

1 日月所生："生"，《太平御览》引作"出"。太阳和月亮升起的地方。

2 壎（xūn）民：传说中的国名。

3 綦（qí）山：与下文䙢（zèng）山二者皆为山名。

4 骓（zhuī）：毛色青白相间的马。

5 女和月母：羲和之类。

6 𪈉（wǎn）：鸟名。

7 𤟤（yǎn）：从女和月母国吹来的风名。

8 无相间：不间断。间，间断。

9 司其短长：掌控日月的长短。

10 应龙：传说中长着翅膀的龙。

11 故下数旱：传说应龙帮助黄帝杀死蚩尤与夸父，耗尽了神力，不能回到天庭，因此天上便没有了兴云作雨之神，地下便屡屡发生旱灾。

12 为应龙之状：即装扮一个假的应龙。

13 夔（kuí）：传说中的兽名，形状像龙，有一只脚，掌管旱、雨之事。

14 橛（jué）：通“撅”，敲打的意思。

卷十五　大荒南经

南海之外，赤水之西，流沙之东，有兽，左右有首，名曰跊踢[1]。有三青兽相并，名曰双双[2]。

有阿山者。南海之中，有氾天之山，赤水穷焉[3]。

赤水之东，有苍梧之野，舜与叔均[4]之所葬也。爰有文贝、离俞、鴟久、鹰、贾、委维、熊、罴、象、虎、豹、狼、视肉。

有荣山，荣水出焉。

黑水之南有玄蛇，食麈[5]。

有巫山者，西有黄鸟。帝药，八斋。[6]黄鸟于巫山，司此玄蛇。

大荒之中有不庭之山，荣水穷焉。有人三身，帝俊妻娥皇[7]，生此三身之国，姚姓，黍食，使四鸟。有渊四方，四隅皆达[8]，北属[9]黑水，南属大荒，北旁名曰少和之渊，南旁名曰从渊，舜之所浴[10]也。

又有成山，甘水穷焉。有季禺之国，颛顼之子，食黍。有羽民之国，其民皆生毛羽。有卵民之国，其民皆生卵[11]。

注释：

1 跊（chù）踢：怪兽的名字。

2 双双：此处指合为一体的样子。

3 穷焉：到这里走到尽头。

4 叔均：又名商均，相传为帝舜之子。

5 麈（zhǔ）：鹿类，俗称“四不像”。

6 帝药，八斋：天帝的药，就藏在这八处房舍里。斋，房舍。

7 妻娥皇：即以娥皇为妻。娥皇，相传为尧的女儿。

8 四隅皆达：郭璞注称："言渊四角皆旁通也。"即四下都是相通的。

9 属（zhǔ）：连接。

10 舜之所浴：舜在这里沐浴过。

11 生卵：这里的人都产卵，人是从卵中孵化出来的。

大荒之中，有不姜之山，黑水穷焉[1]。又有贾山，汔水出焉。又有言山，又有登备之山，有恝恝之山[2]。又有蒲山，澧水[3]出焉。又有隗山[4]，其西有丹，其东有玉，又南有山，漂水出焉。有尾山，有翠山[5]。

有盈民之国，於姓，黍食。又有人方食木叶。

有不死之国，阿姓，甘木是食。

大荒之中有山，名曰去痓。南极果，北不成，去痓果。[6]

南海渚中有神，人面，珥两青蛇，践两赤蛇，曰不廷胡余。

有神名曰因因乎——南方曰因乎，来风曰乎民[7]——处南极以出入风。

有襄山，又有重阴之山。有人食兽，曰季厘。帝俊生季厘。故曰季厘之国。有缗渊，少昊生倍伐，倍伐降处缗渊。有水四方，名曰俊坛[8]。

有臷民之国[9]。帝舜生无淫，降臷处，是谓巫臷民。巫臷民朌[10]姓，食谷，不绩不经，服也；[11]不稼不穑，食也。[12]爰有歌舞之鸟，鸾鸟自歌，凤鸟自舞，爰[13]有百兽，相群爰处。百谷所聚。

注释：

1 黑水穷焉：黑水至此达到尽头。

2 惒（qì）惒之山：山名。前人注称惒同“契”。

3 澧（lǐ）水：水名。

4 隗（guī）山：山名。

5 有翠山：传说此山中有翠鸟，因而得名。

6 南极果，北不成，去痓（chì）果：这三句语焉不详，前人推测可能是巫师的咒语。

7 南方曰因乎，来风曰乎民：南方人单称他为因，从南方吹来的风称作民。

8 俊坛：传说水池的形状像土坛，俊坛是帝俊的水池。

9 䳭（zhí）民之国：国名，这里的人通体黄色。

10 肦（bān）：姓，又作“盼”。

11 不绩不经，服也：不用纺织自然就有衣服穿。绩、经，皆纺织之义。绩，搓麻线之类。经，纺织时织物的经线。

12 不稼不穑（sè），食也：不用耕作就自然有食物吃。稼、穑，皆耕种之义，耕种之为稼，收获之为穑。

13 爰：语助词，无实际意义。

大荒之中有山，名曰融天，海水南入焉。

有人曰凿齿，羿杀之[1]。

有蜮山[2]者，有蜮民之国，桑姓，食黍，射蜮是食。有人方扜[3]弓射黄蛇，名曰蜮人。

有宋山者，有赤蛇，名曰育蛇。有木生山上，名曰枫木。枫木，蚩尤所弃其桎梏，是为枫木[4]。

有人方齿虎尾，名曰祖状之尸。

有小人，名曰焦侥之国[5]，幾姓[6]，嘉谷是食。

大荒之中有山，名死涂[7]之山，青水穷焉，有云雨之山，有木名曰栾，禹攻云雨[8]，有赤石焉生栾[9]，黄本赤枝青叶，群帝焉取药。

有国曰颛顼，生伯服，食黍。有鼬[10]姓之国。有苕山。又有宗山。又有姓山。又有壑山。又有陈州山。又有东州山。又有白水山，白水出焉，而生白渊，昆吾之师所浴也。

注释：

1 羿杀之：后羿以箭射杀之。

2 蜮（yù）山：传说中的山名。

3 扜（yū）：挽，用手拉。

4 枫木：传说蚩尤为黄帝所杀，化为此树。

5 焦侥（yáo）之国：国名，相传其人长皆三尺。

6 幾（jī）姓：姓，幾在此处不表示数量。

7 死（xiǔ）涂：山名。

8 禹攻云雨：大禹砍伐（云雨山上的）树木。攻，砍伐。

9 有赤石焉生栾：前人注称："言山有精灵，复变生此木于赤石之上。"即此山中有精灵，化生栾木在赤石上。

10 鼬（yòu）：古姓氏。

有人名曰张弘[1]，在海上捕鱼，海中有张弘之国，食鱼，使四鸟。

有人焉，鸟喙有翼，方捕鱼于海。

大荒之中有人，名曰驩头[2]。鲧妻士敬，士敬子曰炎融，生驩头。驩头人面鸟喙有翼，食海中鱼，杖翼而行[3]。维宜芑、苣、穋、杨是食[4]。有驩头之国。

帝尧、帝喾、帝舜葬于岳山[5]。爰有文贝、离俞、鴟久、鹰贾、延维、视肉、熊、罴、虎、豹。朱木赤枝青华。玄实。有申山者。

大荒中有山，有山名曰天台高山[6]，海水入焉。

东南海之外，甘水之间，有羲和[7]之国。有女子，名曰羲和，方日浴于甘渊。羲和者，帝俊之妻，生十日[8]。

有盖犹之山者，其上有甘柤，枝叶皆赤，黄叶，白华黑实。东又有甘华，枝干皆赤，黄叶。有青马，有赤马，名曰三骓。有视肉。

有小人，名曰菌人[9]。

有南类之山，爰有遗玉、青马、三骓、视肉、甘华，百谷所在。

注释：

1 张弘：可能就是前文提到的长臂国人。

2 驩（huān）头：神话中，此人又名驩兜、丹朱等。

3 杖翼而行：其翅膀不能飞翔，因此要倚杖而行。

4 芑、苣、穋（qǐ jù lù）：皆黑色谷物之名。

5 岳山：即狄山。

6 高山：此二字当是注文误入正文。

7 羲和：天地初生就有的掌管日月的神。

8 生十日：有十个孩子，分别有不同的太阳称谓来命名。

9 菌人：矮小的人。菌，当是类似蘑菇的一种植物，此处取其体型小。

卷十六　大荒西经

西北海之外，大荒之隅，有山而不合，名曰不周负子[1]，有两黄兽守之。有水曰寒暑之水[2]，水西有湿山，水东有幕山。有禹攻共工国山。

有国名曰淑士，颛顼之子。

有神十人，名曰女娲之肠，化为神，处栗广之野，横道而处[3]。

有人名曰石夷，来风曰韦，处西北隅，以司日月之长短。

有五采之鸟，有冠，名曰狂鸟[4]。

有大泽之长山，有白民之国。

西北海之外，赤水之东，有长胫[5]之国。

有西周之国，姬姓[6]，食谷。有人方耕，名曰叔均。帝俊生后稷，稷降以百谷[7]。稷之弟曰台玺，生叔均。[8]叔均是代其父及稷播百谷，始作耕。有赤国妻氏。有双山。

西海之外，大荒之中，有方山者，上有青树，名曰柜格之松[9]，日月所出入也。

注释：

1 不周负子："负子"二字可能是误多出来的。传说中有不周山，在昆仑西北。相传共工与颛顼争夺帝位失败，共工愤怒之下，一头向不周山撞去，结果"天维绝，地柱折"。

2 寒暑之水：可能指火山附近的间歇性温泉。

3 横道而处：（他们）像肠子一样横处在道路上。

4 狂鸟：大概是凤凰之类的鸟。

5 胫：小腿。

6 姬姓：古老的姓，最初黄帝居住在姬水边，因而有此姓氏。

7 降以百谷：把农作物的种子从天上带到人间。实际上是后稷发现了可供种植的种子。相传后稷是农神。

8 稷之弟曰台（tāi）玺，生叔均：《山海经》又记载说，叔均是帝舜的儿子，即商均。此系神话传说不同。

9 柜（jǔ）格之松：高矮相同的松树。

西北海之外，赤水之西，有天民之国，食谷，使四鸟。

有北狄[1]之国。黄帝之孙曰始均，始均生北狄。

有芒山。有桂山。有榣山。其上有人，号曰太子长琴。颛顼生老童，老童生祝融，祝融生太子长琴，是处榣山，始作乐风[2]。

有五采鸟三名：一曰皇鸟，一曰鸾鸟，一曰凤鸟。

有虫状如菟，胸以后者裸不见[3]，青如猿状。

大荒之中有山，名曰丰沮玉门，日月所入。

有灵山[4]，巫咸、巫即、巫朌、巫彭、巫姑、巫真、巫礼、巫抵、巫谢、巫罗十巫从此升降，百药爰在[5]。

有西王母之山、壑山、海山。有沃民之国，沃民是处。沃之野，凤鸟之卵是食，甘露是饮。凡其所欲，其味尽存。爰有甘华、甘柤、白柳、视肉、三骓、璇瑰[6]、瑶碧、白木、琅玕、白丹、青丹，多银、铁。鸾鸟自歌，凤鸟自舞，爰有百兽，相群是处，是谓沃之野。

有三青鸟，赤首黑目，一名曰大鵹[7]，一名曰少鵹，一名曰青鸟。

有轩辕之台，射者不敢西向，畏轩辕之台。

注释：

1 北狄：对北方少数民族的统称。

2 始作乐风：创制乐风曲。

3 胸以后者裸不见：是说皮色青，因此看不到裸露处。

4 灵山：即巫山。

5 百药爰在：各种药材都在此山。

6 璇瑰（xuán guī）：一种美玉。

7 大鵹（lí）：一种青鸟之名。

大荒之中有龙山，日月所入。

有三泽水，名曰三淖[1]，昆吾之所食也。

有人衣青，以袂蔽面[2]，名曰女丑之尸。

有女子之国。

有桃山。有虻山[3]。有桂山。有于土山[4]。

有丈夫之国。

有弇州之山[5]。五采之鸟仰天[6]，名曰鸣鸟。爰有百乐歌儛之风。

有轩辕之国。江山之南栖为吉。不寿者乃八百岁。

西海陼中[7]，有神，人面鸟身，珥两青蛇，践两赤蛇，名曰弇兹[8]。

大荒之中有山，名曰日月山，天枢也[9]。吴姖天门[10]，日月所入。有神，人面无臂，两足反属于头上[11]，名曰嘘。颛顼生老童，老童生重及黎，帝令重献上天[12]，令黎邛下地[13]，下地是生噎[14]，处于西极，以行日月星辰之行次。

有人反臂，名曰天虞。

有女子方浴月。帝俊妻常羲，生月十有二，此始浴之。

注释：

1 三淖（nào）：水泽、泥沼。

2 以袂蔽面：用衣袖把脸遮起来。袂，衣袖。

3 蝱（méng）山：即上文提到的“芒山”。

4 于土山：古山名。

5 弇（yǎn）州之山：古山名。

6 仰天：昂头朝天。

7 陼（zhǔ）：同“渚”，水中的小岛。

8 弇（yǎn）兹：传说中的神名。

9 天枢：上天的枢纽、必经之地。

10 吴姖（jù）天门：天门之名，日月山的主峰。

11 两足反属于头上：两只脚反过来，接连在头顶上。属，接连之意。

12 帝令重献上天：上帝命令重托着天向上举起。重，人名。献，托举。上，名词动用，此处指向上。

13 令黎邛下地：让黎向下压着地。黎，颛顼时任“火正”。邛（qióng），下压。

14 下地是生噎：语意不详，《海内经》有句：“后土生噎鸣。”可能与此句内容相关。前人注也有称“噎”为前文“嘘”的误写。

有玄丹之山。有五色之鸟，人面有发。爰有青鴍、黄鷔[1]，青鸟、黄鸟、其所集者其国亡。有池，名孟翼之攻颛顼之池[2]。

大荒之中有山，名曰鏖鏊钜[3]，日月所入者。

有兽，左右有首，名曰屏蓬。

有巫山者。有壑山者。有金门之山。有人名曰黄姖之尸。有比翼之鸟，有白鸟，青翼黄尾玄喙。有赤犬，名曰天犬，其所下者有兵。

西海之南，流沙之滨，赤水之后，黑水之前，有大山，有曰昆仑之丘。有神—人面虎身，有文有尾，皆白—处之。[4]其下有弱水之渊环之，其外有炎火之山，投物辄然[5]。有人戴胜，虎齿，有豹尾，穴处，名曰西王母。此山万物尽有。

大荒之中有山，名曰常阳之山。日月所入。

有寒荒之国，有二人：女祭、女薎[6]。

有寿麻之国。南岳娶州山女，名曰女虔。女虔生季格，季格生寿麻。寿麻正立无景[7]，疾呼无响。爰有大暑，不可以往。

有人无首，操戈盾立，名曰夏耕之尸。故成汤伐夏桀于章山。克之，斩耕厥[8]前。耕既立，无首，走厥咎[9]，乃降于巫山。

有人名曰吴回，奇左[10]，是无右臂。

有盖山之国。有树，赤皮支干，青叶，名曰朱木。

有一臂民。

注释：

1 青鸾（wén）、黄鷔（áo）：皆神鸟之名。

2 孟翼之攻颛顼之池：相传孟翼曾在此攻打颛顼，也是“以事名地”之例。

3 鏖鏊钜（áo ào jù）：古山名。

4 有神……处之：此种句法可能是插入语句，古文中较少见。

5 然：通“燃”，燃烧。

6 女薎（miè）：女巫之名。

7 正立无景：景，通“影”。站直了却看不到影子，可能是由于太阳直射之故。

8 厥：代词，这里指成汤。

9 走厥咎：意为逃避罪责，这里指夏耕之尸。走，逃跑。咎，错误、罪责。

10 奇（jī）左：奇，单数。这里指只有一条胳膊。

大荒之中有山，名曰大荒之山。日月所入。有人焉，三面，是颛顼之子，三面一臂。三面之人[1]不死。是谓大荒之野。

西南海之外，赤水之南，流沙之西，有人珥两青蛇，乘两龙，名曰夏后开[2]。开上三嫔于天[3]，得《九辩》与《九歌》以下。此天穆之野，高二千仞，开焉得始歌《九招》。

有氐人之国，炎帝之孙名曰灵恝[4]，灵恝生氐人，是能上下于天。

有鱼偏枯[5]，名曰鱼妇，颛顼死即复苏[6]。风道北来，天乃大水泉，[7]蛇乃化为鱼，是为鱼妇。颛顼死即复苏。

有青鸟，身黄，赤足，六首，名曰𪄀鸟[8]。有大巫山。有金之山。西南，大荒之中隅，有偏句、常羊之山。[9]

注释：

1 三面之人：传说此人一个头却长了三张脸。

2 夏后开：即夏启。汉景帝名刘启，因避讳，故改"夏启"为"夏开"，后来沿用之。

3 上三嫔于天：献三个美女给天帝。另一种说法是"嫔"与"宾"通，谓夏启多次到天庭做客。

4 灵恝（qì）：人名也。

5 偏枯：半身干枯。

6 颛顼死即复苏：郭璞认为此人能够变化。

7 风道北来，天乃大水泉：风从北方吹来，天涌出大水如泉。

8 𪄀（chù）鸟：鸟名，或即山鸦。

9 本句意为西南方的一片大荒之地的某个角落，有偏句、常羊两座山。

卷十七　大荒北经

东北海之外，大荒之中，河水之间，附禺之山，帝颛顼与九嫔葬焉。爰有鵰久、文贝、离俞、鸾鸟、凤鸟、大物、小物[1]。有青鸟、琅鸟、玄鸟、黄鸟、虎、豹、熊、罴、黄蛇、视肉、璇瑰、瑶碧，皆出于山。卫丘方员三百里，丘南帝俊[2]竹林在焉，大可为舟。竹南有赤泽水，名曰封渊[3]，有三桑无枝。丘西有沉渊，颛顼所浴。

有胡不与之国，烈姓[4]，黍食。

大荒之中有山，名曰不咸。有肃慎氏之国[5]。有蜚蛭[6]，四翼，有虫，兽首蛇身，名曰琴虫。

有人名曰大人。有大人之国，釐姓[7]，黍食。

有大青蛇，黄头，食麈。有榆山。有鲧攻程州之山[8]。

大荒之中有山，名曰衡天。有先民之山。有槃木[9]千里。

有叔歜国[10]。颛顼之子，黍食，使四鸟：虎、豹、熊、罴。有黑虫如熊状，名曰猎猎。

有北齐之国，姜姓，使虎、豹、熊、罴。

大荒之中有山，名曰先槛大逢之山，河、济所入，海北注焉。其西有山，名曰禹所积石。

注释：

1 大物、小物：指颛顼与九嫔陪葬物品的大小。

2 帝俊：即颛顼。

3 封渊：封，大。封渊即指大渊。

4 烈姓：传说为炎帝神农的后裔，《左传》称烈山氏。

5 肃慎氏之国：古国名。郭璞注云："今肃慎国去辽东三千余里，穴居，无衣，衣猪皮，冬以膏涂体，厚数分，用却风寒。其人皆工射，弓长四尺，劲强。箭以楛为长。"《孔子家语》卷四载有此事，可参看。

6 蜚蛭（fēi zhì）：神话中的有四只翅膀的虫。蜚，通"飞"。

7 釐（xī）姓：清人郝懿行注称："《晋语》司空季子说黄帝之子十二姓中有僖姓，僖、釐古字通用，釐即僖也。"

8 鲧攻程州之山：鲧攻程州，为一事件。此处是用一个事件来为某山命名，前文已多见，下文"禹所积石"亦属此类。

9 槃木：枝干盘曲的树。槃，通"盘"。

10 叔歜（chù）国：国名。

有阳山者。有顺山者，顺水出焉。

有始州之国，有丹山。

有大泽，方千里，群鸟所解[1]。

有毛民之国[2]，依姓，食黍，使四鸟。禹生均国，均国生役采[3]，役采生修鞈[4]，修鞈杀绰人。帝念之，潜为之国[5]，是此毛民。

有儋耳[6]之国，任姓[7]，禺号子，食谷。北海之渚中有神，人面鸟身，珥两蛇[8]，践两赤蛇，名曰禺彊。

大荒之中有山，名曰北极天柜，海水北注焉。有神，九首人面鸟身，名曰九凤。又有神，衔蛇操蛇，其状虎首人身，四蹄长肘，名曰强良。

大荒之中有山，名曰成都载天。有人，珥两黄蛇，把两黄蛇，名曰夸父。后土生信，信生夸父。夸父不量力，欲追日景[9]，逮之于禺谷[10]。将饮河而不足也，将走大泽，未至，死于此。应龙已杀蚩尤，又杀夸父，乃去南方处之，故南方多雨。

又有无肠之国，是任姓。无继子[11]，食鱼。

注释：

1 解：更换羽毛。

2 毛民之国：民在古汉语中常常指“人”。毛民，全身长有毛发的人。详见《山海经·海外东经》。

3 役采：传说中的人名。

4 修鞈（gé）：人名。其人未详。

5 潜为之国：暗中帮助他们（绰人）建立国家。

6 儋（dān）耳：耳下垂之状。传说其国民耳大，下垂于肩。

7 任姓：黄帝后裔子孙十二姓之一。

8 珥（ěr）两蛇：耳朵上挂着两条蛇，作为装饰品。下文“珥两黄蛇”类此。

9 景：通“影”。

10 逮之于禺谷：逮，赶上。禺谷，传说中的日落之处。

11 无继子：无继之子。无继，即前文之“无启国”。

共工臣名曰相繇[1]，九首蛇身，自环[2]，食于九土。其所歍所尼[3]，即为源泽，不辛乃苦[4]，百兽莫能处。禹湮洪水，杀相繇，其血腥臭，不可生谷，其地多水，不可居也。禹湮之，三仞三沮[5]，乃以为池，群帝是因以为台，在昆仑之北。

有岳之山，寻竹生焉。

大荒之中有山，名曰不句，海水入焉。

有系昆之山者，有共工之台，射者不敢北乡。

有人衣青衣，名曰黄帝女魃[6]。蚩尤作兵[7]伐黄帝，黄帝乃令应龙攻之冀州之野。应龙畜水，蚩尤请风伯、雨师，纵[8]大风雨。黄帝乃下天女曰魃，雨止，遂杀蚩尤。魃不得复上，所居不雨。叔均言之帝，后置之赤水之北。叔均乃为田祖[9]。魃时亡之[10]。所欲逐之者，令曰："神北行！"[11]先除水道，决通沟渎[12]。

有人方食鱼，名曰深目民之国，肦姓[13]，食鱼。

有钟山者。有女子衣青衣，名曰赤水女子献[14]。

注释：

1 相繇（yáo）：即相柳，前文提到的相柳子。

2 自环：谓其人蛇身，首尾相接，形如圆环。

3 所歍（wū）所尼：所呕吐和停留过的地方。歍，呕吐。尼，止息。

4 不辛乃苦：不辣即苦。辛，辣。

5 三仞三沮：屡次填塞屡次塌陷。三，表示多，上古汉语多有此类。仞，通"牣"，填满之意。沮，毁坏。

6 魃（bá）：旱神，传说是一位秃头女神，所居之处天旱不雨。

7 兵：兵器。

8 纵：放纵，恣肆。

9 田祖：主田之官。即第一个耕田的人，又称之为田神。

10 魃时亡之：魃神居处附近常有大旱，所以受人厌恶，故魃神时常逃亡。亡，逃跑。

11 本句是说为了驱逐魃神，人们就用咒语祈祷它往北移动。

12 渎（dú）：沟渠。

13 肦姓：传说此姓为黄帝时姓，其人眼眶深陷，即"深目民"。

14 献：疑即"魃"字。

大荒之中有山，名曰融父山，顺水入焉。有人，名曰犬戎。黄帝生苗龙，苗龙生融吾，融吾生弄明，弄明生白犬，白犬有牝牡[1]，是为犬戎，肉食。有赤兽，马状，无首，名曰戎宣王尸。

有山，名曰齐州之山、君山、鬵山[2]、鲜野山、鱼山。

有人一目，当面中生。一曰是威姓，少昊之子，食黍。

有继无民，继无民任姓，无骨子[3]，食气[4]、鱼。西北海外，流沙之东，有国曰中𨐨[5]，颛顼之子，食黍。

有国名曰赖丘。有犬戎国。有神，人面兽身，名曰犬戎。

西北海外，黑水之北，有人有翼，名曰苗民。颛顼生驩头，驩头生苗民，苗民釐姓，食肉。有山，名曰章山。

大荒之中，有衡石山、九阴山、灰野之山。上有赤树，青叶赤华，名曰若木[6]。

有牛黎之国。有人，无骨，儋耳之子。

西北海之外，赤水之北，有章尾山。有神，人面蛇身而赤，直目正乘[7]，其瞑乃晦，其视乃明，不食不寝不息，风雨是谒[8]。是烛九阴[9]，是谓烛龙。

注释：

1 牝牡（pìn mǔ）：牝，公兽。牡，母兽。

2 鬵（qín）山：古山名。

3 无骨子：无骨是当时的一个部落，其人有筋肉而无骨骼。

4 食气：类似于道教养生的吐故纳新之法。

5 中𨐨（biàn）：古国名。

6 若木：神话中的树木之名，在昆仑之西。

7 直目正乘：直目：眼睛竖起来。“乘”为“朕”之假借字，有缝隙之意。句意为竖着的眼睛正中，有一条合成缝的眼皮。

8 风雨是谒：能止住风雨。也有说“谒”即“噎”字，吞食、吞咽，谓烛龙以风雨为食物。

9 九阴：众多（或所有）阴暗的地方。九极言多。

卷十八　海内经

东海之内，北海之隅有国，名曰朝鲜、天毒[1]，其人水居，偎[2]人爱人。

西海之内，流沙之中有国，名曰壑市。

西海之内，流沙之西有国，名曰氾叶。

流沙之西有鸟山者，三水出焉[3]。爰有黄金、璇瑰、丹货[4]、银铁，皆流于此中。又有淮山，好水[5]出焉。

流沙之东，黑水之西，有朝云之国、司彘之国。黄帝妻雷祖[6]，生昌意。昌意降处若水[7]，生韩流。韩流擢首[8]，谨耳[9]，人面，豕喙，麟身，渠股[10]，豚止[11]。取淖子曰阿女，生帝颛顼。

流沙之东，黑水之间有山，名不死之山。

华山青水之东有山，名曰肇山。有人，名曰柏子高。柏子高上下于此，至于天。

西南黑水之间，有都广之野，后稷葬焉。其城方三百里，盖天地之中，素女所出也。[12]爰有膏[13]菽、膏稻、膏黍、膏稷，百谷自生，冬夏播琴[14]。鸾鸟自歌，凤鸟自儛，灵寿[15]实华，草木所聚。爰[16]有百兽，相群爰处。此草也，冬夏不死。

注释：

1 天毒：国名，即天竺，相传即今天的印度一带。

2 偎人：与“爱人”同意。偎，爱，亲爱。

3 三水出焉：三条河流共同发源于此。

4 丹货：不详，或谓硫黄、朱砂之类。

5 好水：河流之名。某水，即河流名某。下文同此。

6 雷祖：即嫘（léi）祖，相传是她发明了养蚕之法，被称蚕祖。

7 降处若水：从天而降，居于若水。

8 擢首：头部因向上拉拽而变成长竖形。擢，拔、引。

9 谨耳：其耳紧贴于头部。

10 渠股：两条腿长在一块儿。渠，骈。

11 豚止：即猪蹄，止，通“趾”。

12 “其城方三百里”至“所出也”：王念孙、郝懿行等认为是郭璞注语误入正文。

13 膏：郭璞云：“言味好，皆滑如膏。”是说吃起来质好味美。

14 播琴：播种，古时楚地人的方言。

15 灵寿：长得像竹子的一种树木。

16 爰：发语辞，无实义，下同。

南海之外，黑水青水之间有木，名曰若木，若水出焉。

有禺中之国。有列襄之国。[1]有灵山，有赤蛇在木上，名曰蝡蛇[2]，木食[3]。

有盐长之国。有人焉，鸟首，名曰鸟氏。

有九丘，以水络[4]之：名曰陶唐之丘、叔得之丘、孟盈之丘、昆吾之丘、黑白之丘、赤望之丘、参卫之丘、武夫之丘、神民之丘。有木，青叶紫茎，玄华黄实，名曰建木。百仞无枝，上有九欘[5]，下有九枸[6]，其实如麻，其叶如芒，大皞[7]爰过，黄帝所为。

有窫窳[8]，龙首，是食人。

有青兽，人面，名曰猩猩。西南有巴国。大皞生咸鸟，咸鸟生乘厘，乘厘生后照，后照是始为巴人。

有国，名曰流黄辛氏，其域中方三百里，其出是麈。有巴遂山。渑水[9]出焉。

又有朱卷之国。有黑蛇，青首，食象。

南方有赣巨人[10]，人面长臂，黑身有毛，反踵[11]，见人笑亦笑，唇蔽其面，因可逃也。

又有黑人，虎首鸟足，两手持蛇，方啖[12]之。

注释：

1 禺中、列襄：皆国名。

2 蝡（ruǎn）蛇：一种赤色的蛇，也有说即软蛇。

3 木食：以树木为食。

4 络：环绕。

5 欘（zhú）：树枝弯弯曲曲。

6 枸：树枝盘根错节。

7 大皞（hào）：传说中的上古帝王伏羲氏。

8 窫窳（yà yǔ）：传说是烛龙的儿子。

9 渑（shéng）水：水名，有说在今山东淄博一带。

10 赣巨人：即黑猩猩。

11 反踵：踵，脚后跟。反踵，脚后跟与人相反，即脚跟在前，脚趾在后。

12 啖：吃、食。

有赢民，鸟足。有封豕[1]。

有人曰苗民。有神焉，人首蛇身，长如辕[2]，左右有首，衣紫衣，冠旃冠[3]，名曰延维，人主得而飨[4]食之，伯天下。

有鸾鸟自歌，凤鸟自舞。凤鸟首文曰“德”，翼文曰“顺”，膺[5]文曰“仁”，背文曰“义”。见则天下和。

又有青兽如菟，名曰菌狗。有翠鸟。有孔鸟。

南海之内有衡山，有菌山，有桂山，有山名三天子之都。

南方苍梧之丘，苍梧之渊，其中有九嶷山[6]，舜之所葬，在长沙零陵界中。

北海之内有蛇山者，蛇水出焉，东入于海。有五采之鸟，飞蔽一乡，名曰翳鸟[7]。又有不距之山，巧倕[8]葬其西。

北海之内有反缚盗械、带戈常倍之佐[9]，名曰相顾之尸。

伯夷父生西岳，西岳生先龙，先龙是始生氐羌，氐羌乞姓。

北海之内有山，名曰幽都之山。黑水出焉，其上有玄鸟、玄蛇、玄豹、玄虎，玄狐蓬尾[10]。有大玄之山。有玄丘之民[11]。有大幽之国。有赤胫之民[12]。

有钉灵之国，其民从膝已下有毛，马蹄，善走[13]。

注释：

1 封豖：大野猪。

2 辕：车前用以驾牲口的直形木头。

3 冠旃（zhān）冠：戴着红色的帽子。旃，红色的仪仗旗，这里代指红色。

4 飨（xiǎng）：祭祀、献祭。

5 膺：胸脯。

6 九嶷（yí）山：嶷，通“疑”。旧说，九山相似而难辨，行人疑惑，故曰九疑。位于今湖南省宁远县。

7 翳（yì）鸟：传说类似凤凰的一类鸟。

8 巧倕（chuí）：相传尧时的工匠，名倕，因其技艺精巧，故曰“巧倕”。

9 带戈常倍之佐：带着兵器，图谋反叛的人。倍，通“背”，反叛。佐，一类人。

10 玄狐蓬尾：黑色的狐狸，长着蓬松的尾巴。

11 玄丘之民：在黑色的山丘边居住的人。

12 赤胫之民：小腿以下为红色的人。胫，小腿。

13 善走：善于奔跑。

炎帝之孙伯陵，伯陵同[1]吴权之妻阿女缘妇，缘妇孕三年[2]，是生鼓、延、殳[3]，（殳）始为侯[4]。鼓、延是始为钟，为乐风。

黄帝生骆明，骆明生白马，白马是为鲧。

帝俊生禺号，禺号生淫梁，淫梁生番禺，是始为舟。番禺生奚仲，奚仲生吉光，吉光是始以木为车。

少皞生般，般是始为弓矢。

帝俊赐羿彤弓素矰[5]，以扶下国，羿是始去恤下地之百艰[6]。

帝俊生晏龙，晏龙是为琴瑟。

帝俊有子八人，是始为歌舞。

帝俊生三身，三身生义均，义均是始为朽倕，是始作下民百巧。

后稷是播百谷。稷之孙曰叔均，是始作牛耕。大比赤阴[7]，是始为国。禹、鲧是始布土，均定九州。

炎帝之妻，赤水之子听訞[8]生炎居。炎居生节并，节并生戏器，戏器生祝融。祝融降处于江水，生共工。共工生术器，术器首方颠，是复土壤，以处江水。共工生后土，后土生噎鸣，噎鸣生岁十有二[9]。

洪水滔天，鲧窃帝息壤[10]以堙洪水，不待帝命。帝令祝融杀鲧于羽郊[11]。鲧复[12]生禹，帝乃命禹卒布土，以定九州。

注释：

1 同，即“通”，私通。

2 孕三年：怀孕三年。

3 殳（shū）：古人名。

4 侯：箭靶。

5 彤弓素矰（zēng）：彤弓，红色的弓。素矰，一种用白色羽毛装饰的箭，系有丝绳，便于回收。二者都是帝王用以赏赐的礼器。

6 羿是始去恤下地之百艰：后羿这才开始抚恤下方人民的各种苦难。

7 大比赤阴：其意不详。有说“比”当作“妣”，母也。赤阴即姜嫄，以其音近。

8 听訞（yāo）：人名。

9 噎鸣生岁十有二：噎鸣生十二子，皆以岁名名之，故云。也有说“生”当是“主”之误字，谓噎鸣主一岁之十二月。

10 息壤：神话中的一种自我不断生长的土壤。

11 羽郊：羽山的郊野。

12 复：通“腹”，言禹从鲧的腹中出生。